# 東日本大震災と高齢化

## 宮城県沿岸部地域の経験

熊沢 由美 編著
佐藤 康仁・楊 世英 著

同文舘出版

## はじめに〜本書の目的

　東日本大震災の被害と，その後の地域間人口移動は，被災地の高齢化にどのような影響をもたらしたのであろうか。

　本書は，東日本大震災が市町村の高齢化に与えた影響を定量的に明らかにすることを目的としている。特に，津波によって壊滅的な被害を受けた宮城県の沿岸部自治体に着目している。宮城県の沿岸部地域には，東日本大震災前から厳しい高齢化と人口減少に直面していた自治体が少なくなく，東日本大震災はその状況をさらに進行させたとする見解は，東日本大震災にかかわる研究や報道などにしばしばみられる。しかしその実態は正確に把握されてはいないのが現状ではないだろうか。

　本書の構成は，以下のとおりである。まず，第1章から第3章で分析の前提を整理している。すなわち，第1章で東日本大震災の概要，第2章で高齢化を進める要因，第3章で本書の分析対象である宮城県の自治体について特徴などをまとめている。第4章と第5章が東日本大震災と高齢化についての分析である。第4章では先行研究を整理した後に，東日本大震災の影響を定量的に分析し，第5章では特徴的な自治体を取り上げて分析を深めている。

　宮城県の市町村を取り上げるにあたって，本書では，以下の2点に留意した。

　1点目は，県庁所在地である仙台市をどのように扱うかという点である。後述のように，仙台市には宮城県の人口の約46％が集中し，ほかの市町村を大きく上回っている。市域も広く，沿岸部から山形県との県境である内陸部まで含んでいる。仙台市を1つの自治体としてほかの自治体と並べることが適切であるのか，あるいは，仙台市を構成する青葉区，泉区，太白区，宮城野区，若林区に分けて分析を行うべきであるのか。この点につい

i

ては，さまざまな研究においても意見が分かれるところであろう。本書においては，市町村の高齢化が主題であり，主に，仙台市という1つの自治体として分析をすることにした。

　2点目は，市町村合併である。本書では2000年，2005年，2010年，2015年の国勢調査を取り上げているが，市町村合併により，宮城県内の自治体の数が異なる年がある。市町村合併についても詳細は後述するが，本書では2018年1月現在と同数である2010年，2015年を基準に考えることにした。2000年，2005年については，市町村合併前の自治体のデータを集計し，2010年，2015年時点の自治体にあわせている。なお，2016年10月に市制が施行された富谷市（旧・富谷町）については，煩雑ではあるが，「現・富谷市」と表記することにした。

　また，本書が取り上げる沿岸部自治体とは具体的にどこを指すのかについても，後述している。沿岸部自治体と内陸部自治体とを1つの図表にまとめる際には，沿岸部自治体に「◆」をつけて，内陸部自治体と区別することにした。

　地域における高齢化や人口減少の進行は，地域産業の振興や東日本大震災からの復興を進めるうえで，大きな障害となることが予想されている。つまり，高齢化の分析も，人口減少の分析も，自治体や地域について考えるうえで，重要な基礎データとなる。以上のような問題意識から，沿岸部自治体の高齢化について，その実態をより正確に，定量的に把握することで，地域の振興や復興に資することが本書の目的である。

東日本大震災と高齢化●もくじ

はじめに〜本書の目的　i

# 第1章　東日本大震災の概要

## 1. 地震 ———————————————————————— 2
## 2. 津波 ———————————————————————— 2
## 3. 被害状況 —————————————————————— 4

# 第2章　高齢化を進める要因

## 1. 一般的な要因 ————————————————————— 8
(1) 長寿化と少子化　9
(2) 高齢化をもたらす第3の要因—人口移動　10

## 2. 「震災」という要因 ————————————————— 10
(1) 震災による死亡者数の増加による影響　11
(2) 震災による地域間の人口移動の増加による影響　12

# 第3章 宮城県の自治体

## 1. 市町村 ——— 22
(1) 行政地図　22
(2) 市町村合併　23

## 2. 広域圏 ——— 25

## 3. 人口 ——— 28
(1) 2015年の人口　28
(2) 人口増減　30

## 4. 産業構造 ——— 35
(1) 産業構造の特徴　35
(2) 沿岸地域の産業　36
(3) 沿岸地域における就業構造　38

# 第4章 震災の影響をどうみるか

## 1. 先行研究 ——— 42

## 2. 東日本大震災前の沿岸部自治体と高齢化 ——— 45

- (1) 2000年の高齢化率　46
- (2) 2005年の高齢化率　49
- (3) 2000〜2005年の高齢化の進行状況　54
- (4) 2010年の高齢化率　56
- (5) 2005〜2010年の高齢化の進行状況　60
- (6) 2000〜2010年の高齢化の進行状況　63
- (7) 小括　65

## 3. 東日本大震災後の沿岸部自治体と高齢化 ―― 68

- (1) 2015年の高齢化率　68
- (2) 2010〜2015年の高齢化の進行状況　76
- (3) 人口増減と高齢化　83
- (4) 小括　85

## 4. 東日本大震災の人的被害・移動と高齢化 ―― 85

- (1) 東日本大震災の人的被害　85
- (2) 東日本大震災後の移動（転出・転入）　92

# 第5章　事例研究

## 1. 山元町と女川町 ―― 124

- (1) 東日本大震災前の高齢化率　124
- (2) 東日本大震災の人的被害　126
- (3) 東日本大震災後の人口移動　127

⑷ 2015年の高齢化率　　131

## 2. 塩竈市 ─────────── 135

⑴ 東日本大震災と塩竈市　　135
⑵ 東日本大震災後の塩竈市　　137


　　おわりに〜その先にみえるもの　　141
　　参考文献　　143
　　索　引　　147

# 東日本大震災と高齢化
―宮城県沿岸部地域の経験―

# 第1章

# 東日本大震災の概要

# 1．地震

　一般的には，東日本大震災とは，2011（平成23）年3月11日14時46分頃に発生した東北地方太平洋沖地震による災害およびこれに伴う福島第一原子力発電所事故による災害を指している。マグニチュード9.0という大きな地震であることから，大震災と呼称される。

　東日本大震災の地震は，三陸沖の宮城県牡鹿半島の東南東130km付近で，深さ約24kmを震源とする。1952年のカムチャッカ地震と同じ9.0であり，日本国内観測史上最大規模であった。また，アメリカ地質調査所（United States Geological Survey；USGS）の情報によれば，1900年以降，世界でも4番目の大きさの地震であった。

　この地震により宮城県栗原市で震度7を観測したほか，宮城県，福島県，茨城県，栃木県など広い範囲で震度6強から6弱の強い揺れを観測した。

# 2．津波

　地震によって，岩手県，宮城県，福島県を中心とした太平洋沿岸部に大規模な津波が発生した。各地で未曾有の大津波が観測された。たとえば，宮城県石巻市鮎川では，3月11日15時26分に最大波8.6m以上を観測した。そのほかにも，相馬で9.3m以上，宮古で8.5m以上，大船渡で8.0m以上の最大波を観測している（消防庁2017，p.1）。北海道から千葉県までの広範囲を高さ2m以上の津波が襲ったうえ，三陸のリアス式海岸では非常に高い津波となった。仙台平野や福島県では数百年経験していない規模の津波であった。

　浸水地域は，青森県，岩手県，宮城県，福島県，茨城県，千葉県に及ん

だ。浸水面積の合計は約561k㎡であった。このうち，宮城県の浸水地域は約327k㎡であった（国土地理院 2011）。宮城県は，浸水面積全体の約58.3％を占めていたことになる。

宮城県内の市区町村別の浸水面積は，**図表 1 - 1** のとおりである。石巻市の73 k㎡が最も大きく，最も小さいのは利府町の0.5 k㎡であった。浸水面積が市区町村の面積に占める割合をみてみると，仙台市若林区では60.4％もの面積が浸水したことがわかる。亘理町47.9％，岩沼市47.5％も自治体の面積の半分近くが浸水している。他方，浸水面積が小さかった利府町は，割合でも1.1％と小さい。

図表 1 - 1　市区町村別・津波浸水範囲面積

|  | 浸水面積<br>（k㎡） | 市区町村面積<br>（k㎡） | 浸水面積の割合<br>（％） |
| --- | --- | --- | --- |
| 仙台市宮城野区 | 20 | 58 | 34.5 |
| 仙台市若林区 | 29 | 48 | 60.4 |
| 仙台市太白区 | 3 | 228 | 1.3 |
| 石巻市 | 73 | 556 | 13.1 |
| 塩竈市 | 6 | 18 | 33.3 |
| 気仙沼市 | 18 | 333 | 5.4 |
| 名取市 | 27 | 100 | 27.0 |
| 多賀城市 | 6 | 20 | 30.0 |
| 岩沼市 | 29 | 61 | 47.5 |
| 東松島市 | 37 | 102 | 36.3 |
| 亘理町 | 35 | 73 | 47.9 |
| 山元町 | 24 | 64 | 37.5 |
| 松島町 | 2 | 54 | 3.7 |
| 七ヶ浜町 | 5 | 13 | 38.5 |
| 利府町 | 0.5 | 45 | 1.1 |
| 女川町 | 3 | 66 | 4.5 |
| 南三陸町 | 10 | 164 | 6.1 |
| 宮城県合計 | 327 | 2,003 | 16.3 |

出所：国土地理院（2011, p.2）をもとに筆者作成。

## 3．被害状況

　海溝側で大きく隆起した津波は，陸地側では逆に沈降し，大きな被害をもたらした。東日本大震災の被災地は，阪神・淡路大震災のように都市部中心ではなく，農林水産地域が中心で，津波被害が特に深刻であった。たとえば，国土交通省（2011）によれば，東北地方整備局管内の海岸堤防約300kmのうち約190kmが全壊・半壊した。鈴木（2011, スライド14）によれば，青森県，岩手県，宮城県，福島県，茨城県，千葉県の6県にわたる浸水面積のうち，最も割合が高いのは「田」37％であった。「その他の農用地」も加えると，42％となる。これら以外では，「建物用地」20％，「河川地及び湖沼」10％，「森林」7％などとなっていて，農業用地の割合が高かったことがわかる。宮城県では「田」が41％とさらに高く，「その他の農用地」を加えると浸水面積の48％となる。

　会計検査院（2017）によれば，官民すべての建築物，ライフライン施設，社会基盤施設などのストックの被害額は16兆9158億円と推計された。国土庁（当時）が1995年2月に推計した阪神・淡路大震災の被害額は約9兆6千億円であったから，東日本大震災はその1.8倍という被害額であった。宮城県についてみてみると，建築物等4兆5376億円，ライフライン施設641億円，社会基盤施設4807億円，農林水産関係施設1兆1468億円，そのほかの施設3562億円で，合計6兆5856億円と推計された。なお，宮城県（2017c）によれば，2017年6月12日現在での宮城県の被害額は，約9兆234億円となっている。

　宮城県の被害を詳しくみてみると，水産業では，壊滅的な被害を受けた漁船が9,717隻あり，漁港142・市場10のすべてで壊滅的被害を受けた。水産加工施設439施設についても，半数以上が壊滅的被害を受けた（全壊

304，半壊17，浸水29）。また，ギンザケ，ホタテ，カキ，ホヤ，コンブ，ワカメ，ノリ類など，幅広い種類の養殖にも被害が及んだ（農林水産省 2011）。漁港の被害額は4167億円，漁船の被害額は1052億円にのぼった（中小企業庁 2011, p.33）。農業では，宮城県の耕地面積136,300haのうち，田耕地面積12,685ha，畑耕地面積2,317haが流失・冠水と推定された。林業では，津波による防潮堤の被災など治山関係の被害が134ヵ所，のり面・路肩の崩落など林業施設関係の被害398ヵ所，木材加工・流通施設の被災22ヵ所，特用林産施設等の被災46ヵ所であった（農林水産省 2011）。

　農林水産業だけではなく，工業も深刻な被害を受けた。3月期決算の東証1部上場企業のうち3割が東日本大震災による被害を計上し，その合計額は3兆1千億円に達した。設備破損などの直接被害に加え，部品を調達できず操業停止に追い込まれて損失を計上した例も多く，被災地に拠点がない企業にも影響が広がった（日本経済新聞 2011）。つまり，東日本大震災では，主に製造業におけるサプライチェーンの崩壊による経済間接被害の拡大が，国内外の経済に深刻なダメージを与えたことが大きな特徴といえる（仲条ほか 2013, p.1）。宮城県の工業については5900億円，商業は1200億円，観光業は200億円，合計7300億円の被害と推計されている（中小企業庁 2011, p.29）。

　人的被害も深刻である。消防庁（2017, p.4）によれば，2017年9月1日現在で，全国における死者は1万9,575人，行方不明者は2,577人，負傷者は6,230人と把握されている。宮城県では，死者1万563人，行方不明者1,227人，負傷者4,148人と把握されており（消防庁 2017, 別紙p.2），人的被害のかなりの部分を占めていることがわかる。また，復興庁（2018）によれば，2018年1月16日現在においても，全国で，約7万5,000人の方々がいまだ避難生活を送っている。

　住家被害は，全壊12万1,776棟，半壊28万326棟，一部破損74万4,269棟，

床上浸水3,352棟，床下浸水1万230棟であった（消防庁 2017, p.4）。宮城県においては，全壊8万3,002棟，半壊15万5,129棟，一部破損22万4,202棟，床下浸水7,796棟と把握されている（消防庁 2017，別紙p.2）。

　ライフラインも大きな被害を受けた。15路線で通行止めとなった高速道路をはじめ（内閣府 2011），一般道や鉄道にも被害が出た。宮城県では，県管理道路110路線274ヵ所で規制が行われ，12ヵ所の落橋が確認された。仙台空港では，空港ビルが中2階部分まで水没し，滑走路も使用できなくなった。また，ピーク時には，停電は154万5,494戸に及び，水道の給水支障は35市町村，ガスの供給支障は13市町，下水道の施設被災は124ヵ所であった（宮城県 2011）。

　このような大きな被害を受けたことにより，東北三県はほかの地域に比べると人口流出や高齢化が一層進んだといわれるのであろう。

# 第2章

# 高齢化を進める要因

この章では地域の高齢化を進める要因について整理する。最初に一般的な高齢化の要因について説明し，その後，震災が地域の高齢化に与える影響の可能性について述べる。

## 1．一般的な要因

ここでは人口の高齢化をもたらす一般的な要因について説明する。

高齢化とは総人口に占める高齢者（65歳以上人口）の割合が上昇することをいう。高齢化の程度をあらわす指標には「人口の平均年齢」（すべての人の年齢を足して，人口数で割った値）や「中位数年齢」（人口を年齢によって二分する境となる年齢のこと）などがあるが，一般的に最もよく用いられるのは「高齢化率」であろう。

高齢化率は総人口に対する高齢者人口の占める割合のことであり，以下の式で求められる。

$$高齢化率（\%）＝\frac{高齢者人口}{総人口}\times 100$$

この式から高齢化をもたらす要因を考えることができる。いま総人口が高齢者とそれ以外（以下，「若年者」）の2つに分けられるとすると，分母の「総人口」は若年者人口と高齢者人口を足したものであるから，高齢化率を求める上の式は，以下のように書きかえることができる。

$$高齢化率（\%）＝\frac{高齢者人口}{（若年者人口＋高齢者人口）}\times 100$$

つまり，ここから上の式の分子である高齢者数が増加するか，分母の若年者数が減少することによって高齢化率は上昇するということがわかる。

高齢者数の増加は長寿化（平均寿命の伸長）によってもたらされ，若年者数の減少は少子化によってもたらされる。つまり，高齢化をもたらす要

因は①長寿化（平均寿命の伸長）による高齢者人口の増加，②少子化の進行による若年者人口の減少の2つに大きくわけられることになる。

## (1) 長寿化と少子化

　高齢化をもたらす第1の要因は長寿化（平均寿命の伸長）による高齢者人口の増加である。戦後，日本の死亡率は，医学の進歩，公衆衛生の改善，食生活・栄養状態の改善，国民の健康意識の高まりなどを背景に大幅に低下し，その結果，日本の平均寿命は終戦直後の1947年当時の男性50.06歳，女性53.96歳から右肩上がりで延び続け，男性，女性とも30歳以上高まり，2016年には男性80.98歳，女性87.14歳と過去最高を更新した。これは男女とも香港に次いで世界第2位の平均寿命である。

　死亡率の低下に伴う平均寿命の伸長は高齢者人口の増加をもたらし，人口の高齢化をもたらす要因となる。

　次に，高齢化をもたらす第2の要因として少子化の進行による若年者人口の減少があげられる。日本の出生率は，非婚化（生涯未婚率の上昇），晩婚化・晩産化の進行などにより，1970年代半ばから低下傾向にあり，いわゆる少子化の状態が長く続いている。現在においても少子化の進行は依然として止まらず，昨年（2017年）の1年間に生まれた子どもの数は94万1,000人と，2年連続で100万人を下回る見通しとなっている。これは第一次ベビーブームのピーク時の年間出生数269万6,638人（1949年），第二次ベビーブームのピーク時の209万1,983人（1973年）と比べて半分以下の人数である。

　少子化は文字どおり，生まれてくる子どもの数が少なくなることであるから，若年者人口の減少を意味し，人口の高齢化をもたらす要因となる。

## (2) 高齢化をもたらす第3の要因——人口移動

　さらに，地域の高齢化という点からみた場合，上述の長寿化，少子化以外の要因として，地域住民の移動（人口移動）をあげることができる。
　たとえば，若年者人口の流出（流入）はその地域の若年者人口の減少（増加）をもたらし，地域の高齢化率を上昇（低下）させることになるだろうし，逆に，高齢者人口の流出（流入）はその地域の高齢化率を低下（上昇）させることになるだろう。
　いわゆる「過疎地域」と呼ばれる地域では，若年者人口が流出することによって，その地域の若年者人口が減少し，結果的に高齢者人口の割合が高まっていることが考えられる。

　以上のとおり，人口の高齢化をもたらす要因としては，長寿化（平均寿命の伸長）による高齢者人口の増加と，少子化の進行による若年者人口の減少の2つが主にあり，地域の高齢化という点からはさらに地域住民の移動（人口移動）も要因としてあげられる。

# 2.「震災」という要因

　ここでは地域の高齢化を進める要因としての大規模災害の影響について考える。
　東日本大震災のような大規模災害が地域の高齢化に影響を及ぼす可能性として次の2つが考えられるだろう。1つは大規模災害による死亡者数の増加による影響であり，もう1つは大規模災害による地域間の人口移動による影響である。

## (1) 震災による死亡者数の増加による影響

　消防庁（2017，p.4）によると，東日本大震災の2017年9月1日現在での人的被害は死者1万9,575人，行方不明者2,577人，負傷者6,230人と非常に大きな被害が発生した。

　上述のとおり，今回の東日本大震災では非常に多くの犠牲者が出たが，なかでも高齢者が非常に多かったことが明らかとなっている。たとえば2011年の人口動態統計（厚生労働省）では震災による死亡の状況について特別に集計された資料が掲載されているが，これによると震災死亡数の合計1万8,877人のうち，半数を超える1万270人（54.4％）が65歳以上の高齢者であったことが明らかとされている。

　すでに述べたとおり，高齢化とは総人口に占める高齢者の割合が大きくなることである。したがって，高齢者層の死亡者が多数出たことは高齢化という点からみれば高齢化率を引き下げる要因となった，つまり高齢化の程度を緩和する方向に働いたということができる。

　ここで，震災による高齢者層の死亡数の増加がどの程度，高齢化率を引き下げたといえるのか，粗い試算をしてみよう。

　東日本大震災が起こる前年である2010年の被災3県（岩手県，宮城県，福島県）の人口とそのうちの高齢者数は，それぞれ次の**図表2-1**のとおりであった。3県合計の高齢者数は約139万人で，高齢化率は24.3％である。

図表2-1　被災3県の人口と高齢化率（2010年）

|  | 人口（万人） | 65歳以上人口（万人） | 高齢化率（％） |
| --- | --- | --- | --- |
| 岩手県 | 133.0 | 36.0 | 27.1 |
| 宮城県 | 234.8 | 52.0 | 22.2 |
| 福島県 | 202.9 | 50.4 | 24.9 |
| 3県合計 | 570.7 | 138.6 | 24.3 |

注：四捨五入の関係で必ずしも合計は一致しない。
出所：総務省（各年版a）をもとに筆者作成。

　上述のとおり，2011年の人口動態統計によると，震災によって合計1万8,877人の尊い命が奪われ，そのうち高齢者が半数以上を占めていることがわかっている。65歳以上の震災死亡者1万270人には岩手，宮城，福島3県以外の人数も含まれているので，これを除くと岩手，宮城，福島3県の死亡高齢者数は1万186人となる。また，3県以外と年齢不詳（761人）を除いた0〜64歳の死亡者数は7,696人であった。

　そこで，これらの点を考慮して3県の高齢化率が何％になるか試算すると，3県の高齢化率は24.2％になることがわかった。つまり，あくまで計算上ではあるが，東日本大震災による死亡高齢者の増加は3県の高齢化率を約0.1ポイント低下させたといえるのである。

## (2) 震災による地域間の人口移動の増加による影響

　次に震災による地域間の人口移動の増加が高齢化に及ぼす影響について考えてみよう。すでに述べたように，地域住民の移動（人口移動）もその地域の高齢化率に影響を与える。

　一般に，人口移動が生じる要因として①経済的要因，②社会的要因，③そのほかの要因（たとえば随伴移動等）などがあげられる。「経済的要因」とは雇用機会や所得水準の違い（所得格差）などが人口移動を生じさせる

ことをいい，たとえばより雇用環境の良い地域あるいは所得水準の高い地域へ地域住民の移動が生じることをいう。また「社会的要因」とは進学や転勤あるいは結婚・離婚などによる人口移動のことであり，最後の「そのほかの要因」としてあげられる随伴移動は親の人口移動に伴って子どもも移動するようなことをいう。

　大規模災害の発生は被災による雇用の喪失，住居の被害，これらに伴う通学への影響など，①〜③すべての要因が関係し人口移動を生じさせるといえるだろう。

　そして実際のところ，これまでの経験から，大規模災害が生じた場合に人口の変動が生じることが知られている。たとえば仙台市（2014）では震災後の人口移動をテーマとして取り上げ，大規模災害後の人口変動の事例として2005年のアメリカ・ニューオーリンズで発生したハリケーン・カトリーナと1995年の阪神・淡路大震災の事例を紹介している。

　これによると，ハリケーン・カトリーナの事例ではニューオーリンズの人口は約45万4,000人から大きく減少し，1年後でも20万人が戻ってきていなかったと報告されているという。また，阪神・淡路大震災の事例では，阪神・淡路大震災発生後，神戸市では最大約9万5,000人の人口減少がみられたという。仙台市（2014）によれば神戸市の人口数が震災前の水準まで回復したのは2004年のことであり，この事例では震災後急減した人口数が以前の状態まで回復するのに約10年かかっていることになる。

　さらに周（2011；2012）は災害後の人口急減後，リバウンドして人口水準はある程度戻るものの，もとの水準まで回復することは難しいということを指摘している。

　次の**図表2-2**はハリケーン・カトリーナ前後のニューオーリンズ市の人口規模の推移と災害後の人口の回復割合を示したものである。この**図表2-2**に示されているように，ハリケーン・カトリーナによって甚大な被

害を受けたニューオーリンズ市の人口は災害発生から最初の3年間は力強いリバウンドをみせ，2008年には災害前の74％まで回復ししたものの，その後増え方は徐々に鈍り，災害発生4年後の2009年にその増加は止まり，ニューオーリンズ市の人口は10年前と比べて3割近く少ない水準にとどまっている。

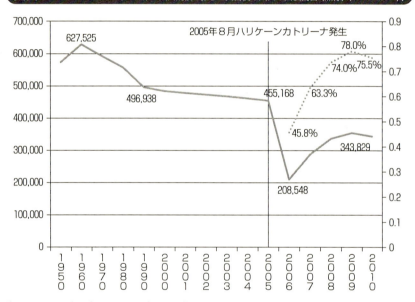

図表2-2 ニューオーリンズ市の人口規模の推移と災害後の人口の回復割合（点線）（1950～2010年）

注：2006～2009年は各7月1日時点の予測値である。そのほかは各年4月1日時点のセンサス値である。
出所：周（2012）。

　同様に，次の**図表2-3**は神戸市の人口推移を示したものである。この**図表2-3**からも，仙台市（2014）で指摘されているとおり，神戸市の人口数が震災前の水準まで回復するのに約10年かかっていることがわかるが，同時に，その人口回復のスピードは2010年時点までみても震災前のトレンドに戻っていないことがわかる。

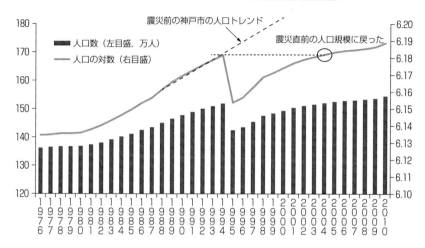

図表2-3 神戸市人口の推移（1976〜2010年）

出所：周（2012）。

　また，ハリケーン・カトリーナの事例では，3年半が経過した2008年3月時点でもニューオーリンズ都市圏全体では災害前の人口の80％にしか回復しておらず，中心部のオーリンズ郡に限定すれば，その人口は災害前の75％にすぎないこと，またそれに伴い，人口の中央年齢値の上昇（34.8歳→40.6歳），5〜17歳の就学人口比率の低下（19％→15％）など高齢化が加速したことなども指摘されている（永松 2012）。

　さて，このように大規模災害の発生はその被災地域の人口移動を生じさせることがあるが，このとき，どのような年齢の人口が移動するかによって，その地域の高齢化への影響は異なるといえるだろう。

　大規模災害の発生によって，若年者人口が他地域へ流出したとすれば，このとき地域の総人口数が減少するとともに，若年者人口の流出は地域の総人口に占める高齢者人口の割合を高めることになる。つまり，若年者人口の流出によって，地域の高齢化率は上昇すると考えられるのである。

東日本大震災ではどうだったのだろうか。ここでは住民基本台帳人口移動報告に基づいて，震災後の岩手，宮城，福島の被災3県の人口移動について，その大まかな動きをみてみよう。
　**図表2-4**は震災前を含む2010～2012年の岩手，宮城，福島の3県の転入超過数を示したものである。

図表2-4　被災3県の転入超過数（人）

|  | 2010年 | 2011年 | 2012年 |
|---|---|---|---|
| 岩手県 | −4238 | −3443 | −2385 |
| 宮城県 | −556 | −6402 | 6069 |
| 福島県 | −5752 | −31381 | −13843 |

注：マイナスの値は転出超過をあらわす。
出所：総務省（各年版b）をもとに筆者作成。

　**図表2-4**から，3県いずれも震災前から転出超過にあること，震災のあった2011年には岩手県では前年（2010年）と比べて転出超過は小さくなっているが，宮城県，福島県ではいずれも大幅に転出超過が増えていることがわかる。これは震災によって被災した3県からの転出者が増えたということが推測される。
　なお**図表2-4**によれば，岩手県で2010年と比べて2011年の転出超過が小さくなっているが，これは次の**図表2-5**にあるように震災前の2010年には7月と11月のみが転入超過であったのに対して，2011年は震災直後には転出超過が大きくなったものの，7月以降は震災前と異なり転入超過に転じたことが原因といえる。
　すなわち，**図表2-5**に示されているとおり，震災のあった2011年3月以降，6月までは3県すべて転出超過であるが，7月以降になると福島県では依然として転出超過が続くものの，岩手県，宮城県では転入超過に転じている。この理由としては，福島県では東京電力福島第一原子力発電所

### 図表2-5 被災3県の月ごとの転入超過数（人）

|  |  | 岩手県 | 宮城県 | 福島県 |
|---|---|---|---|---|
| 2010年 | 1月 | −126 | 144 | −68 |
|  | 2月 | −96 | −81 | −161 |
|  | 3月 | −2320 | −1163 | −2733 |
|  | 4月 | −1280 | 326 | −1807 |
|  | 5月 | −146 | −126 | −129 |
|  | 6月 | −153 | 51 | −114 |
|  | 7月 | 89 | −163 | −237 |
|  | 8月 | −55 | −129 | −282 |
|  | 9月 | −53 | −128 | −42 |
|  | 10月 | 46 | 302 | −59 |
|  | 11月 | −79 | 72 | −109 |
|  | 12月 | −65 | 339 | −11 |
| 2011年 | 1月 | −99 | 53 | −182 |
|  | 2月 | −43 | 92 | −90 |
|  | 3月 | −1787 | −4414 | −5941 |
|  | 4月 | −1814 | −4975 | −7456 |
|  | 5月 | −439 | −799 | −4127 |
|  | 6月 | −183 | −435 | −2720 |
|  | 7月 | 214 | 593 | −2147 |
|  | 8月 | 248 | 1112 | −2961 |
|  | 9月 | 109 | 513 | −1715 |
|  | 10月 | 139 | 660 | −1771 |
|  | 11月 | 42 | 728 | −1320 |
|  | 12月 | 170 | 470 | −951 |
| 2012年 | 1月 | 73 | 456 | −1041 |
|  | 2月 | 49 | 622 | −418 |

注：マイナスの値は転出超過をあらわす。
出所：総務省（各年版b）をもとに筆者作成。

での事故があり，その影響で人口流出が続いているが，岩手県と宮城県の2県では震災直後生じた転出の揺り戻しや福島県からの避難住民の移動（受

け入れ），さらには震災復興事業に関連した他県からの転入などにより転入超過に転じているものと考えられている。

つまり岩手県では震災後，他県からの転入者が増加したことで2011年の転出超過は小さくなったのである。

さて次に，震災による地域間の人口移動の増加が高齢化に及ぼす影響について考えるために，同じく住民基本台帳人口移動報告を用いて2011年の被災3県の年齢別の移動状況をみよう。

**図表2-6**に示されているように，2011年の被災3県の移動状況は，それぞれ岩手県3,443人，宮城県6,402人，福島県31,381人の転出超過となっており，震災のあった2011年に大幅な人口流出が生じている。さらに，これを65歳未満と65歳以上に分けてみると，その大部分は65歳未満であることがわかる。したがって，もちろん，より詳細に分析を行う必要はあるが，とりあえず，この**図表2-6**に示されたデータから，東日本大震災においてもほかの大規模災害時と同様に，大規模災害によって生じた若年者人口の流出によって，地域の高齢化率は上昇した可能性がある，ということがいえるだろう。

図表2-6　被災3県の2011年の転入超過数（人）

|  | 65歳未満 | 65歳以上 | 合計 |
| --- | --- | --- | --- |
| 岩手県 | −3026 | −416 | −3443 |
| 宮城県 | −5366 | −1036 | −6402 |
| 福島県 | −29794 | −1585 | −31381 |

注：マイナスの値は転出超過をあらわす。四捨五入の関係で必ずしも合計は一致しない。
出所：総務省（各年版b）をもとに筆者作成。

以上のとおり，東日本大震災のような大規模災害の発生が地域の高齢化に影響を及ぼす可能性として，大規模災害による死亡者数の増加を通じた影響，大規模災害による地域間の人口移動を通じた影響などが考えられる。

　このとき地域の高齢化にどのような影響を及ぼすかは，死亡者の年齢構成，人口移動の中身やその年齢構成などによって異なる。

# 第3章

# 宮城県の自治体

ここでは，本書が対象とする宮城県の自治体について，理解を深めていこう。

# 1．市町村

## (1) 行政地図

　図表3-1にあるように，宮城県は35市町村で構成されている。そのうち，太平洋に接している自治体を「沿岸部自治体」とし，本書の主な分析対象とする。具体的には，気仙沼市，南三陸町，石巻市，女川町，東松島市，松島町，利府町，塩竈市，七ヶ浜町，多賀城市，仙台市，名取市，岩沼市，亘理町，山元町の15自治体である。

　これらに対し，内陸部自治体は20自治体である。栗原市，登米市，大崎市，加美町，色麻町，涌谷町，美里町，大衡村，大郷町，大和町，富谷市，川崎町，村田町，柴田町，蔵王町，大河原町，七ヶ宿町，白石市，角田市，丸森町である。自治体の数では，内陸部自治体が若干多くなっている。

**図表3-1 宮城県地域マップ**

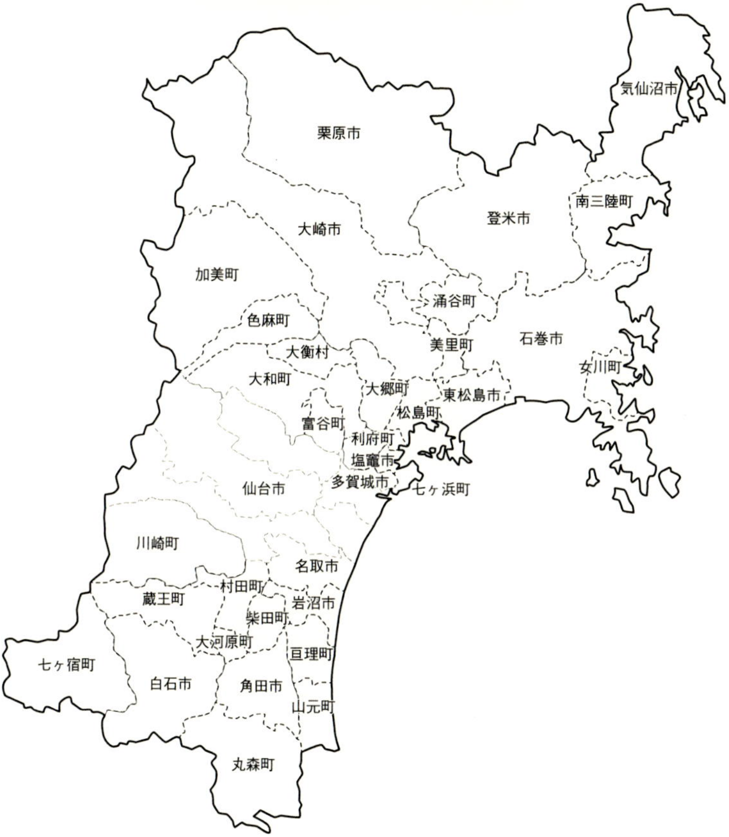

注：現・富谷市は「富谷町」のまま引用。
出所：宮城県(a)

## (2) 市町村合併

　本書では，2000年，2005年，2010年，2015年の国勢調査を取り上げていくが，その際に注意が必要であるのは，市町村合併である。2010年と2015年は現在と同じ数の自治体になっているが，2000年と2005年は異なっている。新しい名称の自治体が誕生しただけではなく，石巻市や気仙沼市のよ

うに，同じ名称で異なる自治体である場合もある。そこで，合併した市町村について，2000年と2005年の姿を整理しておこう（**図表3-2**）。

2000年に71，2005年に44あった市町村は，2010年には35になった。2000年に存在していた市町村のうち45が合併し，2010年には9市町となった。このうち，石巻市，気仙沼市，東松島市，南三陸町が沿岸部自治体である。

**図表3-2 市町村合併と国勢調査**

| 2000年 | 2005年 | 2010年・2015年 |
|---|---|---|
| 71市町村 | 44市町村 | 35市町村 |
| 石巻市，河北町，雄勝町，河南町，桃生町，北上町，牡鹿町 | 石巻市 | ◆石巻市 |
| 古川市，松山町，三本木町，鹿島台町，岩出山町，鳴子町，田尻町 | 古川市，松山町，三本木町，鹿島台町，岩出山町，鳴子町，田尻町 | 大崎市 |
| 気仙沼市，本吉町，唐桑町 | 気仙沼市，本吉町，唐桑町 | ◆気仙沼市 |
| 中新田町，小野田町，宮崎町 | 加美町 | 加美町 |
| 小牛田町，南郷町 | 小牛田町，南郷町 | 美里町 |
| 築館町，若柳町，栗駒町，高清水町，一迫町，瀬峰町，鶯沢町，金成町，志波姫町，花山村 | 栗原市 | 栗原市 |
| 迫町，登米町，東和町，中田町，豊里町，米山町，石越町，南方町，津山町 | 登米市 | 登米市 |
| 矢本町，鳴瀬町 | 東松島市 | ◆東松島市 |
| 志津川町，歌津町 | 南三陸町 | ◆南三陸町 |

出所：総務省（各年版a）をもとに筆者作成。

## 2．広域圏

　「宮城県地域区分図」（**図表3-3**）によれば，宮城県内は7の広域圏に分けられている。このうち，沿岸部自治体が属するのは「広域気仙沼・本吉圏」「広域石巻圏」「広域仙台都市圏」の3つである。これらを中心に，広域圏の特徴を整理してみよう。

　「広域仙南圏」に属するのは，白石市，角田市，蔵王町，七ヶ宿町，大河原町，村田町，柴田町，川崎町，丸森町の内陸部自治体である。県の南部に位置し，西は山形県，南は福島県に隣接する地域である。総面積の69％を森林が占めているが，仙台都市圏に隣接する北東部で住宅開発が進んでいる。東北新幹線・東北本線・阿武隈急行線の鉄道や，東北自動車道・山形自動車道の高速交通網も整備されている（大河原地方行政連絡調整会議 2017，p.2）。比較的多くの自治体が仙台市へのアクセスが良いといえそうである。

　「広域仙台都市圏」に属するのは，仙台市，塩竈市，多賀城市，松島町，七ヶ浜町，利府町（以上，「仙塩」の地域），名取市，岩沼市，亘理町，山元町（以上，「亘理名取」の地域），現・富谷市，大和町，大郷町，大衡村（以上，「黒川」の地域）である。このうち，仙塩と亘理名取が沿岸部自治体である。仙台市を中心とした県中央部および県南東部で，西部は山形県に，南部は福島県に接している。後述するように，県内人口の6割以上を占める地域である。宮城県において，商業面では年間商品販売額の87.7％（2014年7月1日），工業面では年間製造品出荷額の56.6％（2014年12月31日），県内総生産額の71.7％（2013年度），就業者数の62.7％を占めている。住民の80.2％が第三次産業に従事し，第一次産業に従事しているのは1.8％（2010年）にすぎない（宮城県 2017b）。

図表3-3 宮城県地域区分図

出所：宮城県(b)

　「広域大崎圏」に属するのは，大崎市，色麻町，加美町，涌谷町，美里町の内陸部自治体である。西側で山形県・秋田県と接する県の北西部の地域である。宮城県平均と比べ，農地（23.8％）や国有林（24.2％）の割合が高い。東北新幹線や東北本線などの鉄道，東北自動車道などが整備されている（宮城県北部地方振興事務所 2017, pp.3-4）。そうした交通機関が整備された地域については，仙台市へのアクセスも良い。

「広域栗原圏」に属するのは，栗原市である。いわゆる平成の大合併により，栗原郡10町村が2005年に合併して誕生した市である。宮城県の内陸北部に位置し，岩手県と秋田県に接している。面積の8割近くが森林や原野，田畑で占められた自然豊かな地域である。東北自動車道や東北新幹線などもある（栗原市ホームページ）。そうした交通機関が整備された地域については，仙台市へのアクセスも良い。

「広域登米圏」に属するのは，登米市である。登米市も，2005年に登米郡と本吉郡の9町が合併して誕生した。宮城県北西の内陸部にあり，岩手県と接している。農地と森林で7割以上を占めていて，特に，農地の占める割合は33.4％と，最も高い広域圏となっている。広域圏には東北本線と三陸縦貫自動車道が通っている（宮城県東部地方振興事務所登米地域事務所 2017, pp.1-3）。しかし，東北新幹線が通っておらず，仙台市へのアクセスには若干時間のかかる地域となっている。

「広域石巻圏」に属するのは，女川町，石巻市，東松島市の沿岸部自治体である。沿岸漁業・水産関連産業を中心とする女川町，農業水産業・工業・商業に観光もバランス良く発展している石巻市，農業・浅海養殖漁業・観光を主な産業とする東松島市と，それぞれの特徴がある（石巻地区広域行政事務組合ホームページ）。広域仙台都市圏に隣接する東松島市や，仙石線・仙石東北ラインにより仙台駅から最短で1時間弱の石巻市と比べると，石巻線の女川町は仙台市へのアクセスに時間のかかる地域である。

「広域気仙沼・本吉圏」に属するのは，気仙沼市と南三陸町である。気仙沼市は，2006年に唐桑町，2009年に本吉町と合併し，現在の気仙沼市となった。南三陸町は，2005年に志津川町と歌津町が合併して誕生した。宮城県の北東の沿岸部に位置し，仙台市へのアクセスには比較的時間のかかる地域である。

# 3．人口

## (1) 2015年の人口

　2015年の国勢調査によると，宮城県の人口は233万3,899人であった。その内訳を市町村ごとにみたものが**図表3-4**である。

　市町村別では，100万人を超える仙台市が最も多く，宮城県の人口の46.4％を占めている。仙台市に続くのは，石巻市14万7,214人，6.3％，大崎市13万3,391人，5.7％であり，仙台市以外の市町村の割合は，すべて10％未満となっている。最も少ないのは七ヶ宿町1,461人，0.1％であり，1％に満たない自治体が14ある。宮城県では，仙台市への人口集中が著しいことがわかる。

　沿岸部と内陸部に分けてみると，仙台市を含む沿岸部の人口が多い。沿岸部は170万5,009人，73.1％であり，内陸部は62万8,890人，26.9％である。なお，仙台市を除くと，沿岸部は62万2,850人，26.7％となり，内陸部とほぼ同じになる。

　市町村別の人口を広域圏ごとにまとめたものが，**図表3-5**である。やはり，仙台市を含む広域仙台都市圏が65.5％を占めていて，圧倒的に人口が多いことがわかる。

**図表3-4　市町村別・人口と割合（2015年）**

| | 人口（人） | 割合（%） |
|---|---|---|
| 宮　城　県 | 2333899 | 100.0 |
| ◆仙　台　市 | 1082159 | 46.4 |
| ◆石　巻　市 | 147214 | 6.3 |
| ◆塩　竈　市 | 54187 | 2.3 |
| ◆気 仙 沼 市 | 64988 | 2.8 |
| 白　石　市 | 35272 | 1.5 |
| ◆名　取　市 | 76668 | 3.3 |
| 角　田　市 | 30180 | 1.3 |
| ◆多 賀 城 市 | 62096 | 2.7 |
| ◆岩　沼　市 | 44678 | 1.9 |
| 登　米　市 | 81959 | 3.5 |
| 栗　原　市 | 69906 | 3.0 |
| ◆東 松 島 市 | 39503 | 1.7 |
| 大　崎　市 | 133391 | 5.7 |
| 蔵　王　町 | 12316 | 0.5 |
| 七 ヶ 宿 町 | 1461 | 0.1 |
| 大 河 原 町 | 23798 | 1.0 |
| 村　田　町 | 11501 | 0.5 |
| 柴　田　町 | 39525 | 1.7 |
| 川　崎　町 | 9167 | 0.4 |
| 丸　森　町 | 13972 | 0.6 |
| ◆亘　理　町 | 33589 | 1.4 |
| ◆山　元　町 | 12315 | 0.5 |
| 松　島　町 | 14421 | 0.6 |
| ◆七 ヶ 浜 町 | 18652 | 0.8 |
| ◆利　府　町 | 35835 | 1.5 |
| 大　和　町 | 28244 | 1.2 |
| 大　郷　町 | 8370 | 0.4 |
| 現・富谷市 | 51591 | 2.2 |
| 大　衡　村 | 5703 | 0.2 |
| 色　麻　町 | 7238 | 0.3 |
| 加　美　町 | 23743 | 1.0 |
| 涌　谷　町 | 16701 | 0.7 |
| 美　里　町 | 24852 | 1.1 |
| ◆女　川　町 | 6334 | 0.3 |
| ◆南 三 陸 町 | 12370 | 0.5 |

注：小数点以下第二位を四捨五入したため，市町村の合計は100％になっていない。
出所：総務省（各年版a）をもとに筆者作成。

図表3-5 広域圏別・人口と割合

| 広域圏 | 人口（人） | 割合（%） |
|---|---|---|
| 仙南 | 177192 | 7.6 |
| 仙台 | 1528508 | 65.5 |
| 大崎 | 205925 | 8.8 |
| 栗原 | 69906 | 3.0 |
| 登米 | 81959 | 3.5 |
| 石巻 | 193051 | 8.3 |
| 気仙沼・本吉 | 77358 | 3.3 |

出所：総務省（各年版a）をもとに筆者作成。

## (2) 人口増減

　東日本大震災の前後で，人口はどのように変化したのであろうか。まずは，国勢調査から，2010～2015年にかけての人口の変化をみてみよう。2010年の国勢調査は2010年10月1日現在で行われている。東日本大震災の約5ヵ月前であり，東日本大震災当時の各市町村の人口にも近いものであると考えて良いだろう。他方，2015年の国勢調査は2015年10月1日現在であり，東日本大震災から約4年7ヵ月後となる。つまり，これらの国勢調査の比較は，東日本大震災の直前あるいは当時と，東日本大震災後約4年半後の比較となる。

　図表3-6は，宮城県内の市町村の人口を人口増減数に基づいて並べたものである。これによると，宮城県全体では1万4,266人の人口減少であった。人口減少が26自治体，人口増加が9自治体であり，多くの自治体で人口が減少している。

　最も人口減少数が大きかったのは石巻市で，1万3,612人もの減少であった。1万人以上の減少は石巻市のみであるが，気仙沼市8,501人も大きな減少であった。そのほかにも1,000人以上の人口減少がみられる地域も多く，最も少ない色麻町でも193人であった。

図表3-6　2010～2015年の人口増減数・人口増減率

| | 2010～2015年 | | 人口（人） | |
|---|---|---|---|---|
| | 人口増減数（人） | 人口増減率（％） | 2015年 | 2010年（組替） |
| 宮　城　県 | −14266 | −0.6 | 2333899 | 2348165 |
| ◆石　巻　市 | −13612 | −8.5 | 147214 | 160826 |
| ◆気 仙 沼 市 | −8501 | −11.6 | 64988 | 73489 |
| ◆南 三 陸 町 | −5059 | −29.0 | 12370 | 17429 |
| 栗　原　市 | −5026 | −6.7 | 69906 | 74932 |
| ◆山　元　町 | −4389 | −26.3 | 12315 | 16704 |
| ◆女　川　町 | −3717 | −37.0 | 6334 | 10051 |
| ◆東 松 島 市 | −3400 | −7.9 | 39503 | 42903 |
| ◆塩　竈　市 | −2303 | −4.1 | 54187 | 56490 |
| 白　石　市 | −2150 | −5.7 | 35272 | 37422 |
| 登　米　市 | −2010 | −2.4 | 81959 | 83969 |
| 加　美　町 | −1784 | −7.0 | 23743 | 25527 |
| ◆七 ヶ 浜 町 | −1764 | −8.6 | 18652 | 20416 |
| 大　崎　市 | −1756 | −1.3 | 133391 | 135147 |
| 丸　森　町 | −1529 | −9.9 | 13972 | 15501 |
| ◆亘　理　町 | −1256 | −3.6 | 33589 | 34845 |
| 角　田　市 | −1156 | −3.7 | 30180 | 31336 |
| ◆多 賀 城 市 | −964 | −1.5 | 62096 | 63060 |
| 川　崎　町 | −811 | −8.1 | 9167 | 9978 |
| 涌　谷　町 | −793 | −4.5 | 16701 | 17494 |
| ◆松　島　町 | −664 | −4.4 | 14421 | 15085 |
| 蔵　王　町 | −566 | −4.4 | 12316 | 12882 |
| 大　郷　町 | −557 | −6.2 | 8370 | 8927 |
| 村　田　町 | −494 | −4.1 | 11501 | 11995 |
| 美　里　町 | −338 | −1.3 | 24852 | 25190 |
| 七 ヶ 宿 町 | −233 | −13.8 | 1461 | 1694 |
| 色　麻　町 | −193 | −2.6 | 7238 | 7431 |
| 柴　田　町 | 184 | 0.5 | 39525 | 39341 |
| 大 河 原 町 | 268 | 1.1 | 23798 | 23530 |
| 大　衡　村 | 369 | 6.9 | 5703 | 5334 |
| ◆岩　沼　市 | 491 | 1.1 | 44678 | 44187 |
| ◆利　府　町 | 1841 | 5.4 | 35835 | 33994 |
| 大　和　町 | 3350 | 13.5 | 28244 | 24894 |
| ◆名　取　市 | 3534 | 4.8 | 76668 | 73134 |
| 現・富谷市 | 4549 | 9.7 | 51591 | 47042 |
| ◆仙　台　市 | 36173 | 3.5 | 1082159 | 1045986 |

注：人口欄の「2010年（組替）」は，2015年10月1日現在の市区町村の境域に基づいて組み替えた2010年の人口を示す。
出所：総務省（各年版a）をもとに筆者作成。

増加した自治体をみてみると，仙台市が3万6,173人と突出して多いことがわかる。

　沿岸部自治体に着目してみよう。人口減少数の大きかった地域をみてみると，石巻市，気仙沼市，南三陸町，山元町，女川町，東松島市，塩竈市，と沿岸部自治体が占めていることがわかる。他方，人口が増加した自治体をみてみると，約半数にあたる4自治体が沿岸部自治体である。しかも，1,000人以上の増加があった地域に，仙台市，名取市，利府町の沿岸部自治体が含まれている。沿岸部自治体のなかでも，人口増減では大きな差がみられるのである。

　この人口増減数は，それぞれの自治体にとってどのくらいの規模のものであったのだろうか。今度は人口増減率に着目してみたい。**図表3-7**は，全国も加えて，人口増減率の順で作成したグラフである。全国の人口増減率は－0.8で，宮城県－0.6と同程度である。宮城県内の市町村は，この全国と宮城県を境に，人口減少と人口増加に分かれている。

　人口減少の自治体をみてみよう。女川町が－37.0％と，4割近い人口減少となっている。南三陸町－29.0％，山元町26.3％も2割を超え，3割に近い減少となっていて，これら3自治体での人口減少が顕著である。これら3自治体はすべて沿岸部自治体であり，東日本大震災の影響を感じさせられる。気仙沼市－11.6％，七ヶ浜町－8.6％，石巻市－8.5％など，沿岸部自治体が減少率の大きい方に並んでいることもまた，同様である。

　人口増加の自治体をみてみると，大和町13.5％，現・富谷市9.7％，大衡村6.9％と，内陸部自治体が増加率の高い自治体となっている。沿岸部自治体では，利府町5.4％が最も高い。このようにみると，東日本大震災前後の人口増減では，内陸部自治体よりも沿岸部自治体の方が人口減少の傾向が強いといえそうである。

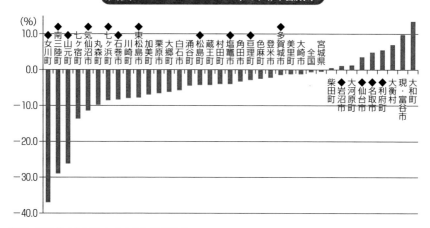

図表3-7 2010〜2015年の人口増減率

出所:総務省(各年版a)をもとに筆者作成。

　沿岸部自治体はもともと人口減少の傾向にあったのであろうか。2000年まで遡って確認してみよう。

　**図表3-8**は，国勢調査を用いて沿岸部自治体の2000〜2005年，2005〜2010年，2010〜2015年の人口増減率を見たものである。この時期，日本の総人口はまだ増加していたが，宮城県の人口は減少していた。沿岸部自治体も，人口減少と人口増加の自治体が混在していた。そこで，2000〜2005年と2005〜2010年の増減をもとに，沿岸部自治体を分類しながら整理してみよう。

**図表3-8 沿岸部自治体の人口増減率（％）**

|  | 2000～2005年 | 2005～2010年 | 2010～2015年 |
|---|---|---|---|
| 全国 | 0.7 | 0.2 | −0.8 |
| 宮城県 | −0.2 | −0.5 | −0.6 |
| 石巻市 | −4.3 | −3.9 | −0.6 |
| 塩竈市 | −3.6 | −4.8 | −4.1 |
| 気仙沼市 | −5.3 | −5.8 | −11.6 |
| 山元町 | −4.4 | −5.7 | −26.3 |
| 松島町 | −5.1 | −6.8 | −4.4 |
| 七ヶ浜町 | −0.3 | −3.1 | −8.6 |
| 女川町 | −9.2 | −6.3 | −37.0 |
| 南三陸町 | −6.1 | −6.5 | −29.0 |
| 仙台市 | 1.7 | 2.0 | 3.5 |
| 名取市 | 2.2 | 6.5 | 4.8 |
| 多賀城市 | 2.1 | 0.5 | −1.5 |
| 岩沼市 | 6.1 | 0.6 | 1.1 |
| 利府町 | 8.1 | 5.4 | 5.4 |
| 東松島市 | 0.1 | −0.8 | −7.9 |
| 亘理町 | 1.0 | −0.8 | −3.6 |

出所：総務省（各年版a）をもとに筆者作成。

　まずは，2000～2005年，2005～2010年とも人口減少だった自治体である。石巻市，塩竈市，気仙沼市，山元町，松島町，七ヶ浜町，女川町，南三陸町の8自治体で，沿岸部自治体では最も多いパターンである。これらの自治体はすべて，2010～2015年にかけても人口減少であった。2010～2015年にかけて大きく減少した女川町，南三陸町，山元町は，それ以前も比較的大きな人口減少がみられる地域であった。これら3自治体と，2000～2005年，2005～2010年には同じ程度の人口減少がみられていた気仙沼市と松島町については，気仙沼市も大きく人口減少が進んだのに対し，松島町はむしろ人口減少幅が小さくなった。

次に，2000〜2005年，2005〜2010年とも人口増加だった自治体である。仙台市，名取市，多賀城市，岩沼市，利府町の5自治体である。これらのうち，多賀城市を除く4自治体は，2010〜2015年も人口増加を維持した。2000〜2005年，2005〜2010年の人口増加幅が大きかった利府町は，2005〜2010年と同じ増加率を維持し，仙台市，岩沼市は2005〜2010年を上回る人口増加率となった。名取市も，2005〜2010年の増加率を下回ったものの，2010〜2015年も5％近い増加率となっている。唯一，2010〜2015年に人口減少に転じた多賀城市は，2005〜2010年の人口増加率が0.5％であった。東日本大震災の影響だけではなく，その前から人口増加の傾向が弱まっていたのかもしれない。

最後に，2000〜2005年と2005〜2010年の間に，人口増加から人口減少に転じた自治体である。東松島市と亘理町の2自治体である。いずれも，わずかな人口増加から，わずかな人口減少へと転じている。しかし，2010〜2015年では，どちらも人口減少幅が大きくなった。特に東松島市は－7.9％と，2005〜2010年を大きく上回った。これら2自治体については，東日本大震災が人口減少を大きく進めた可能性が高い。

# 4．産業構造

## (1) 産業構造の特徴

宮城県の産業構造は，第二次産業の割合が低い一方，農業・水産業を中心とする第一次産業や，卸売業・小売業，運輸・通信業を中心とする第三次産業の割合が高いことが特徴である。沿岸地域には，全国的にも有名な水産業の都市（気仙沼市，石巻市）を有し，他都道府県と比較すると，第一次産業の割合が高い。県庁所在地である仙台市は，宮城県の名目GDP

のおよそ半分を占める中核都市であり，第三次産業，特に卸・小売業やサービスの割合が高く，商業都市の特徴をもっている。いわゆる「支店経済」である。宮城県は気候や交通の便が良く，人が集まりやすい条件が揃った地域であり，人口が増えることで成長する第三次産業が中心となったと考えられる。

　宮城県の産業は全国と比較して，製造業の付加価値構成比・従業者構成比が小さい一方，卸売業・小売業の付加価値構成比・従業者構成比が大きい。製造業においては，食料品製造業と電子部品・デバイス・電子回路製造業の付加価値構成比・従業者構成比が大きく，県内の中核産業と考えられる（経済産業省 2015）。

　東北の中心都市仙台を抱える県でもあり，広義のサービス産業の産業規模が全国と比較しても遜色ない。また，域内波及効果でも，上位に金融・保険，情報通信が並ぶなど，サービス産業の充実した大都市の特徴を示している。しかし，労働生産性は全国を100万円近く下回っていて（2012年），平均賃金も全国より30万円程度低い水準となっている（経済産業省 2015）。

## (2) 沿岸地域の産業

　経済産業省（2015）によれば，宮城県の沿岸部地域は，仙台経済圏，石巻経済圏，気仙沼経済圏に分けることができる。以下では，経済産業省（2015）で分析された特化係数と労働生産性を中心に，それぞれの経済圏の特徴をみていくことにしよう。なお，特化係数とは，付加価値構成比を日本全体の付加価値構成比で割ったもので，相対的産業構成比である。これが高ければ，他地域より多くの企業が地域内でまとまって生産を行っている，つまり，産業集積が生じている，と評価することができるというものである。また，労働生産性とは，対象とする産業の付加価値（事業活動

により新たに生み出した価値）を生産要素である従業者数で割ったものである。労働生産性が高いことは，従業員あたりが生み出す付加価値が大きいことであり，結果として，地域の豊かさに貢献するとされる（経済産業省 2015）。

　まず，仙台経済圏の全産業を横断的にみてみよう。第一次産業では，特価係数も労働生産性指標とも全国平均を下回っている。第三次産業では半数以上の業種において特化係数が全国平均以上となっていて，教育・学習支援業が最も高くなっている。労働生産性指標でも全国平均以上の業種があり，卸売業・小売業が最も高くなっている。

　仙台経済圏の製造業をさらに詳しくみると，印刷・同関連業，食料品製造業，飲料・たばこ・飼料製造業等の特化係数が高く，産業集積が形成されていると考えられる。付加価値構成比では，食料品製造業が最も大きく，それに化学工業，電気機械器具製造業が続いている。しかし，食料品製造業としては，1990年と比較し，事業所数，従業者数ともに減少がみられ，産業として縮小傾向にある。

　次に，石巻経済圏の全産業を横断的にみると，以下の特徴が指摘できる。第一次産業では，特化係数は全国平均以上であるが，労働生産性指標が全国平均を下回っている。第三次産業では，全国平均以上の特化係数となっている業種もあり，複合サービス事業が最も高くなっている。労働生産性指標については，全国平均以上となる業種は存在しない。

　石巻経済圏の製造業をさらに詳しくみると，木材・木製品製造業（家具を除く），食料品製造業，飲料・たばこ・飼料製造業等の特化係数が高く，産業集積が形成されていると考えられる。労働生産性指標については，木材・木製品製造業（家具を除く）が全国平均を大きく上回っている。しかし，木材・木製品製造業（家具を除く）でも，1990年と比較し，事業所数，従業者数ともに減少がみられ，産業として縮小傾向にある。

次に，気仙沼経済圏の全産業を横断的にみると，以下の特徴が指摘できる。第一次産業では，特化係数も労働生産性指標も全国平均以上となっている。第三次産業でも全国平均以上の特化係数となっている業種があり，複合サービス事業が最も高くなっている。労働生産性指標についても，全国平均以上の業種があり，医療・福祉が最も高くなっている。

　気仙沼経済圏の製造業をさらに詳しくみてみると，食料品製造業，印刷・同関連業，生産用機械器具製造業等の特化係数が高く，産業集積が形成されていると考えられる。労働生産性指標でも全国平均以上の業種はあるものの，全国平均の2倍以上となる業種はない。

## (3) 沿岸地域における就業構造

　東日本大震災の津波による浸水のあった宮城県の沿岸地域における就業者数は，約54万1,000人であった（厚生労働省 2012b, p.31）。岩手県，宮城県，福島県の3県については，東日本大震災後に就業者数，完全失業者数がいずれも一時的に増加したが，その後減少した。その背景としては，人口流出に伴う労働力人口の減少や，非労働力人口の増加も影響していると考えられる。新規求人数についてみてみると，東日本大震災の影響により，新規求人数が大きく落ち込んだものの，その後は復興需要もあり大幅に増加した（厚生労働省2012b, pp.36-40）。

　人口減少や過疎化，とくに若者の流出は，地域産業へ与える影響が大きい。宮城県の沿岸地域は，農業，漁業に従事する人の割合が高いため，人口流出に伴い，このような傾向がさらに進んでいるといえる。高齢化が進んで産業振興も難しくなっている。水産加工業には外国人研修生に頼るケースもある。

### 図表3-9 沿岸地域の産業（大分類）別15歳以上就業者の割合（宮城県）

(%)

| 地域名 | 農業 | 漁業 | 建築業 | 製造業 | 運輸業・郵便業 | 卸売業・小売業 | 宿泊業・飲食サービス業 | 医療・福祉 | その他 |
|---|---|---|---|---|---|---|---|---|---|
| 宮城野区 | 0.8 | 0.0 | 8.1 | 7.1 | 8.2 | 23.2 | 6.2 | 9.6 | 36.8 |
| 若林区 | 1.4 | 0.0 | 9.0 | 6.8 | 7.8 | 24.9 | 6.3 | 8.6 | 35.2 |
| 太白区 | 1.1 | 0.0 | 8.2 | 7.2 | 6.1 | 20.5 | 7.2 | 10.0 | 39.8 |
| 石巻市 | 4.2 | 4.4 | 10.9 | 18.0 | 6.6 | 16.7 | 4.9 | 9.7 | 24.5 |
| 塩竈市 | 0.3 | 0.7 | 9.5 | 14.0 | 9.0 | 22.8 | 6.2 | 9.4 | 28.2 |
| 気仙沼市 | 3.7 | 5.5 | 7.2 | 18.5 | 7.0 | 18.0 | 5.6 | 10.1 | 24.5 |
| 名取市 | 4.3 | 0.1 | 9.1 | 13.0 | 8.2 | 20.0 | 5.0 | 9.6 | 30.7 |
| 多賀城市 | 1.0 | 0.1 | 8.9 | 11.3 | 9.0 | 18.4 | 5.4 | 8.5 | 37.5 |
| 岩沼市 | 3.2 | 0.0 | 8.0 | 18.5 | 8.0 | 17.8 | 5.1 | 9.4 | 30.0 |
| 東松島市 | 6.4 | 2.6 | 11.1 | 14.2 | 7.3 | 15.5 | 5.5 | 10.0 | 27.4 |
| 亘理町 | 8.9 | 0.4 | 8.4 | 21.1 | 7.4 | 17.3 | 4.4 | 8.6 | 23.6 |
| 山元町 | 10.5 | 0.6 | 8.2 | 22.9 | 6.3 | 15.0 | 3.7 | 10.6 | 22.1 |
| 松島町 | 4.0 | 1.5 | 8.8 | 11.0 | 8.5 | 19.2 | 12.2 | 7.8 | 27.1 |
| 七ヶ浜町 | 0.6 | 2.6 | 11.9 | 13.8 | 12.5 | 21.3 | 4.6 | 7.7 | 25.0 |
| 利府町 | 1.9 | 0.2 | 9.6 | 12.1 | 8.5 | 20.8 | 5.4 | 9.6 | 32.0 |
| 女川町 | 0.3 | 14.7 | 8.3 | 23.6 | 5.5 | 12.4 | 6.3 | 6.0 | 22.8 |
| 南三陸町 | 5.4 | 17.3 | 11.7 | 16.2 | 4.7 | 13.6 | 6.0 | 8.6 | 16.5 |
| 宮城県 | 4.2 | 0.8 | 9.3 | 13.2 | 6.5 | 18.6 | 5.9 | 10.0 | 31.5 |
| 全国 | 3.8 | 0.3 | 7.9 | 16.3 | 5.5 | 17.0 | 6.0 | 10.6 | 32.6 |

出所：成田（2011）をもとに筆者作成。

　就業者の特徴から産業の特徴を探ることにしよう。**図表3-9**は産業（大分類別）の就業者の割合である。農業および漁業ともに全国平均を下回っているのは，仙台市の3区と多賀城市，岩沼市，利府町のみとなっている。漁業に従事する人の割合は，南三陸町（17.3％）および女川町（14.7％）で，農業に従事する人の割合は，山元町（10.5％）で特に高いのが目立つ。ほかの産業に従事する者をみると，仙台市の3区と七ヶ浜町，利府町では

卸売業・小売業，亘理町では工業用プラスチック製品製造業や自動車・同附属品製造業等，山元町では非鉄金属素形材製造業等，女川町では水産食品製造業等にそれぞれ従事する人の割合が高くなっている。また，宮城県沿岸部は流通が活発で，運輸業・郵便業（一般貨物自動車運送業等）の割合も高くなっている。気仙沼市を除く全域で，建設業に従事する人の割合が全国平均を上回っている（成田 2011）。

　こうした従業者数の産業別の内訳や全国との比較から明らかであるのは，沿岸地域における産業構造は東日本大震災前と同様に，農業と漁業を中心としていることである。つまり工業基盤産業（主に製造業）が弱いという産業構造は，変わっていないということになる。

第 **4** 章

# 震災の影響をどうみるか

# 1．先行研究

　東日本大震災で大きな被害を受けた宮城県沿岸部地域には，震災以前から厳しい高齢化と人口減少に直面していた自治体が少なくないが，東日本大震災はその状況をさらに進行させたということがしばしば指摘される。
　たとえば日本経済新聞（2016）の記事「宮城沿岸，急速に高齢化」では宮城県がまとめた「高齢者人口調査」の結果に基づいて「（2016年）3月末時点で総人口に占める65歳以上人口の割合が35％を超える自治体は7市町。女川町や気仙沼市など，津波の被害が激しかった自治体が多く並んだ」（カッコ内は加筆），「女川町や気仙沼市，南三陸町などで高齢化が進む背景には，津波で自宅を失った中年層や若者が故郷を離れて仙台市や同市周辺などへ一時的に移り住んでいることもあるとみられる」と記されている。
　また同じく日本経済新聞（2017a）の記事「宮城の市町村　人口増減率　3町，全国ワースト5に」では2015年の国勢調査結果に基づいて，東日本大震災で大きな被害を受けた女川町，南三陸町，山元町の人口減少率が全国ワースト2位，3位，5位となった一方で，仙台市や大和町，富谷町（現・富谷市）では人口増加となっていることから，沿岸部自治体の苦境が鮮明になったと述べている。沿岸部自治体の苦境は日本経済新聞（2017b）の「沿岸部の転出超　鮮明」という記事でもさらに伝えられている。
　すなわち，これら記事からは津波被害を受けた自治体において，他地域と比べて高齢化が進んでいるということが示唆されるとともに，これら津波被害を受けた地域の高齢化が進んだ要因として若年者人口が津波被害を受けた地域から他地域へと流出したことがあげられているのである。
　次の**図表4－1**は記事と同様，宮城県がまとめた「高齢者人口調査」に

基づいて高齢化率が30％を超える市町村を高齢化率が高い順に示したものであるが，実際，この**図表4-1**からわかるように「◆」マークをつけた沿岸部自治体が上位に多く並んでいる。

図表4-1　高齢化率が30％を超える市町村

| 市町村名 | 高齢化率（％） |
| --- | --- |
| 七ヶ宿町 | 46.4 |
| 丸森町 | 38.3 |
| ◆山元町 | 37.8 |
| ◆女川町 | 37.8 |
| 栗原市 | 36.7 |
| ◆松島町 | 36.2 |
| ◆気仙沼市 | 35.8 |
| ◆南三陸町 | 34.2 |
| 蔵王町 | 34.1 |
| 加美町 | 34.0 |
| 大郷町 | 33.8 |
| 川崎町 | 33.7 |
| 涌谷町 | 33.2 |
| 美里町 | 32.7 |
| 白石市 | 32.6 |
| 角田市 | 32.4 |
| 登米市 | 32.0 |
| ◆塩竈市 | 32.0 |
| 村田町 | 31.9 |
| ◆石巻市 | 31.1 |
| 色麻町 | 31.1 |

注：◆は沿岸部自治体。高齢化率は総人口に対する65歳以上の割合である。高齢化率が30％を超えている21市町のみを掲載している。2017年3月31日現在。
出所：宮城県（各年版）をもとに筆者作成。

宮城県には津波被害を受けた沿岸部自治体が14あるが，そのうち半数の7の市町が**図表4-1**に掲載されているということは，それらの自治体では高齢化率が30％超と，非常に高い水準となっているということを意味している。

　また，永野（2014），小林ほか（2013）など，震災と地域の高齢化について取り上げている先行研究もある。

　永野（2014）は離島漁村を事例として，震災後の過疎化と高齢化について取り上げた研究である。この研究では宮城県塩竃市浦戸諸島を事例として，過疎化と高齢化の進んだ離島漁村において，震災がその過疎化と高齢化の傾向に一層拍車をかけ，5年後，10年後，20年後に起こると考えられていた事態を前倒しして「いま・現在」に現出させたということを示している。すなわち，震災をきっかけとして通勤や通院の便を求めて島を離れる住民が増え，震災後短期間で過疎化と高齢化が加速したことが示されている。

　小林ほか（2013）は東日本大震災が茨城県自治体の人口変化や高齢化に与える影響について試算した研究である。この研究では東日本大震災の被災地である茨城県を取り上げ，震災後の将来人口推計を行い，その結果を比較することで震災が将来人口や高齢化に及ぼした影響について検討している。そして，人口減少や高齢化に与えた影響は津波被害の大きかった県北地域より，津波・液状化被害の鹿行地域，人口増加地域の県南地域の方が大きいこと，沿岸部においては福島県からの転入もあるものの，震災が発生する以前と比較して将来人口への影響は大きいことなどが示されている。

　小林ほか（2013）が分析対象としているのが茨城県であること，茨城県では液状化による大きな被害が生じたなど，本書が対象とする地域は宮城県であるから必ずしも一致しているわけではないが，この研究は震災が人

口変化や高齢化に与える影響を試算したものとして注目に値するだろう。

このように，**図表4-1**からも，また震災後の被災自治体（特に沿岸部自治体）からの人口流出を報じたいくつかの新聞記事からも，震災が地域の人口減少と高齢化を加速させたという印象を受けるが，これらの地域の多く（特に沿岸部自治体）は震災以前から人口流出による人口減少が生じていた地域でもあるし，もともと高齢化率が高かった地域ともいえる。また，そもそも現在，日本全体の傾向として高齢化は急速に進展している。したがって，本当にこれらの地域の高齢化が震災によって急速に進んだといえるかとなると，必ずしも明確ではない。本章の残りの部分ではこの点について考察を行っていこう。

## 2．東日本大震災前の沿岸部自治体と高齢化

まずは，東日本大震災の前に，沿岸部自治体が「もともと高齢化の進んでいた」地域であったかどうかについて，分析してみよう。

「もともと高齢化が進んでいた」というとき，2つの意味で用いられているように思う。1つは，もともと「高齢化率が高かった」という意味，もう1つは，もともと「高齢化の進行が速かった」という意味である。これら2つは，ある自治体は「高齢化の進行が速く高齢化率が高い」ということもできるが，ある自治体について「高齢化率の低い自治体であるが，近年は高齢化の進行が速い」ということもできよう。つまり，2つともあてはまる自治体も，どちらか1つのみあてはまる自治体もある。そこで，ここでは，「もともと高齢化が進んでいた」のもつ2つの意味を別々のものとして，分析を行ってみたいと思う。

ここでの分析に用いるのは，国勢調査である。5年おきに行われる国勢調査では，市町村別の高齢化率もみることができる。震災前のデータとし

て，2000年，2005年，2010年に実施された国勢調査を取り上げてみよう。前述のように，2000年と2005年については，市町村合併後の自治体にあわせて高齢化率を集計し，グラフを作成している。合併前の年については，市町村名の前に「現・」をつけている。

## (1) 2000年の高齢化率

　図表4-2は，2000年10月1日現在の市町村ごとの高齢化率である。宮城県の高齢化率は17.3％（17.30％）であった。全国平均17.3％（17.34％）よりも，わずかに低い。市町村別にみると，高齢化率にかなりバラツキがあることがわかる。まずは，七ヶ宿町（36.6％）が突出して高いことに目がいくであろう。そこに丸森町（28.9％），現・栗原市（27.5％）が続く。現・加美町（25.5％）から利府町（11.7％）までは，比較的小さな差が続く。利府町と現・富谷市（9.2％）になると，差は2.5ポイントに開く。高齢化率の最も高い七ヶ宿町と最も低い現・富谷市では，約27ポイントもの差がある。

　宮城県と全国を基準とし，それよりも高齢化率の高い自治体と低い自治体とに分けて考えてみよう。

　第1に，高齢化率の高い自治体が多いことが指摘できる。35自治体のうち，宮城県と全国よりも高齢化率が高いのは27自治体にも及ぶ。高齢化率の低い自治体は8自治体のみである。これら8自治体のうち，7自治体は広域仙台都市圏に属していて，残る1自治体は広域仙南圏に属する柴田町である。これら8自治体の人口は，宮城県の人口236万5,320人のうち55.2％を占めていた。宮城県内の人口は，仙台市とその周辺に，若い世代を中心に集中していることがこの数字からも読みとれる。

　第2に，高齢化率の低い自治体には，沿岸部自治体が多いことが指摘できる。宮城県と全国よりも高齢化率の低い8自治体のうち，岩沼市（15.8

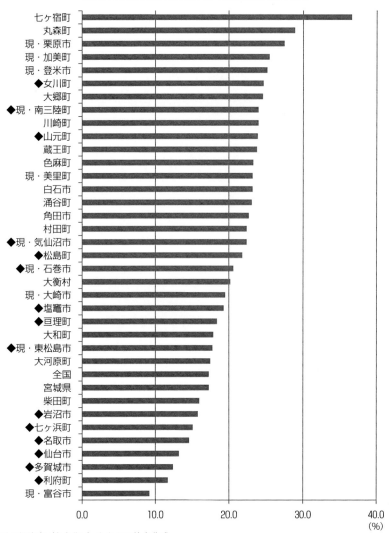

図表4-2　市町村別・高齢化率（2000年）

出所：総務省（各年版a）をもとに筆者作成。

％），七ヶ浜町（15.1％），名取市（14.6％），仙台市（13.2％），多賀城市（12.4％），利府町（11.7％）の6自治体は沿岸部自治体である。

　第3に，宮城県と全国より高齢化率の高い自治体をみても，比較的高齢化率の低い（宮城県と全国に近い）自治体には，沿岸部自治体が多く含まれていることである。具体的には，現・東松島市（17.8％），亘理町（18.4％），塩竈市（19.3％），石巻市（20.6％），松島町（21.8％），現・気仙沼市（22.4％）である。

　このようにみてくると，2000年の沿岸部自治体は，山元町（23.9％），現・南三陸町（24.0％），女川町（24.7％）の3町だけが，例外的に高齢化率が高いようにみえる。つまり，2000年の沿岸部自治体は，3町を除いては高齢化率の低い地域が多く，宮城県内でも特に高齢化率の低い地域に関してはほぼ沿岸部自治体が占めていたといえる。

　なお，沿岸部自治体で，高齢化率の最も低い利府町と，最も高い女川町の差は，13.0ポイントであった。七ヶ宿町と現・富谷市が突出しているとはいえ，沿岸部自治体間の差は，宮城県内全自治体間の差の半分程度であった。

　全国の高齢化率との差に着目してみよう。**図表4-3**は，自治体ごとに全国の高齢化率との差をグラフにまとめたものである。このようにまとめてみると，七ヶ宿町（19.3ポイント）が全国より約20ポイントも高齢化率が高いことに，あらためて気づかされる。また，丸森町（11.6ポイント），現・栗原市（10.2ポイント）を含めた3自治体だけが全国より10ポイント以上も高齢化率が高い。

　沿岸部自治体に目を向けてみよう。高齢化率の低い自治体は，最も低い利府町（−5.6ポイント）から岩沼市（−1.5ポイント）までの幅にある。他方，高齢化率の高い自治体のうち，全国の高齢化率に比較的近いグループをみてみると，現・東松島市（0.5ポイント）から現・気仙沼市（5.1ポ

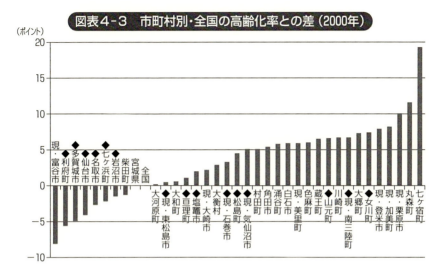

出所：総務省（各年版a）をもとに筆者作成。

イント）までの幅にある。非常に大雑把に捉えると，ほとんどの沿岸部自治体（山元町，現・南三陸町，女川町以外）は，全国平均からおよそ±5ポイントの範囲にあるということになる。そこで，2000年については，全国より高齢化率の低い自治体を「高齢化率の低い自治体」，全国より高齢化率は高いもののその差がおおよそ5ポイント以内である自治体を「高齢化率が比較的低い自治体」と表現することにしよう。2000年の沿岸部自治体は，山元町，現・南三陸町，女川町の3町以外は高齢化率の「低い」自治体と「比較的低い」自治体となる。

## (2) 2005年の高齢化率

5年後の2005年の高齢化率はどのように変化したであろうか。**図表4-4**は，2005年10月1日現在の市町村別の高齢化率である。

2000年と同様に，宮城県（19.9％）は全国（20.1％）よりわずかに低い。

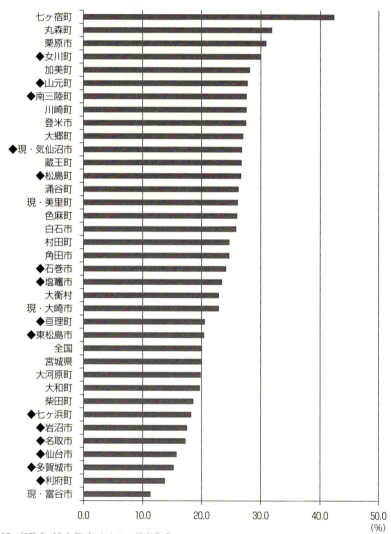

図表4-4　市町村別・高齢化率（2005年）

出所：総務省（各年版a）をもとに筆者作成。

また，七ヶ宿町（42.3％）の高齢化率が突出して高いこともまた，同様である。現・富谷市（11.36％）と利府町（13.81％）との差も2.5（2.45）であった。高齢化率の最も高い七ヶ宿町と最も低い現・富谷市の差は，31.0（30.97）ポイントに広がった。

　2005年についても，宮城県と全国を基準に，高齢化率の高い自治体と低い自治体に分けて考えてみよう。

　第1に，2000年には宮城県と全国よりも高齢化率の高かった大河原町と大和町が，2005年には宮城県と全国を下回るようになったことである。これにより，宮城県と全国より高齢化率の低い市町は10となった。

　第2に，宮城県と全国よりも高齢化率の低い自治体をみてみると，2005年においても，沿岸部自治体が多いということである。最も高齢化率の低い現・富谷市に，沿岸部自治体である利府町，多賀城市（15.3％），仙台市（15.8％），名取市（17.3％），岩沼市（17.5％），七ヶ浜町（18.3％）が続く。高齢化率の低い自治体が増えたことにより，沿岸部自治体の割合は下がったものの，それでも過半数が沿岸部自治体であった。

　第3に，宮城県と全国よりも高齢化率の高い自治体のうち沿岸部自治体をみてみると，二極化の傾向があるようにみえることである。東松島市（20.5％），亘理町（20.6％），塩竈市（23.5％），石巻市（24.2％）の4自治体は，宮城県と全国に近い高齢化率を維持している。しかし，松島町（26.7％），現・気仙沼市（26.8％）は高齢化率の高い地域へと順位を上げつつある。

　図表4-5は，自治体ごとに，全国の高齢化率との差をグラフにまとめたものである。2000年に19.3ポイントであった七ヶ宿町と全国との差は，2005年では22.2ポイントへ広がった。高齢化率の高い丸森町（11.6ポイント→11.8ポイント）と現・栗原市（10.2ポイント→10.8ポイント）も全国との差が広がってはいるが，広がり方はわずかである。この間の七ヶ宿町は，高齢化率の進行が速かったのであろう。この点は後で検証する。一方，

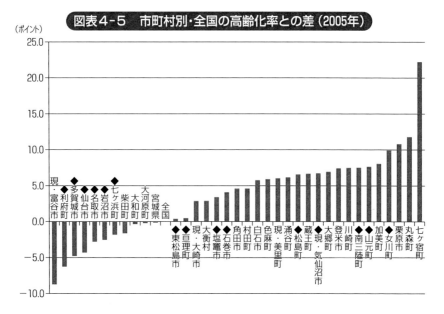

出所:総務省(各年版a)をもとに筆者作成。

　高齢化率の低い自治体をみてみると,現・富谷市も−8.1ポイントから−8.7へと,わずかに全国との差を若干広げた。2000年から2005年にかけて,七ヶ宿町と現・富谷市の差が広がったのは,主に七ヶ宿町の高齢化の進行によるものと考えられる。

　沿岸部自治体に目を向けてみよう。まず,高齢化率の低い自治体をみてみると,岩沼市(−1.5ポイント→−2.6ポイント)と,利府町(−5.6ポイント→−6.3ポイント)で,全国との差が比較的大きく広がった。仙台市(−4.1ポイント→−4.3ポイント),名取市(−2.7ポイント→−2.8ポイント)は,わずかに全国との差が広がった。多賀城市は−4.9ポイントから−4.8ポイントへわずかに差を縮めた。これら仙台市,名取市,多賀城市については,ほぼ横ばいとみて良いだろう。七ヶ浜町は−2.2ポイントから−1.8ポイントへと差を縮めていて,横ばいよりは若干変化が大きい。とはいえ,高齢

化率の低い沿岸部自治体で，2000年に最も全国に近かったのは岩沼市−1.5ポイントであったから，沿岸部自治体というグループでみると，全国との差を広げつつあったことになる。

　次に，全国よりも高齢化率の高い沿岸部自治体に目を向けてみよう。東松島市（0.4ポイント）と亘理町（0.5ポイント）は，全国の高齢化率とほとんど差がないことがわかる。2000年には，東松島市が0.5ポイント，亘理町1.1ポイントの差であったから，この2自治体は全国との差を縮めたことになる。

　これら2自治体と比べると，塩竈市（3.4ポイント）と石巻市（4.1ポイント）は，全国に比較的近い順位にいるとはいえ，高齢化率では全国とやや差が開いているようにみえる。これらは2000年には，塩竈市（2.0ポイント），石巻市（3.3ポイント）であったから，やはり全国との差が広がっていた。

　高齢化率の高い方へ順位を上げた松島町（6.6ポイント）と現・気仙沼市（6.7ポイント）も，2000年（松島町4.5ポイント，現・気仙沼市5.1ポイント）と比べると全国との差が開いている。

　2000年にはすでに高齢化率の高い自治体であった女川町，山元町，南三陸町についてもみてみよう。それぞれ，女川町は7.4ポイント→9.9ポイント，山元町は6.6ポイント→7.7ポイント，南三陸町は6.7ポイント→7.5ポイントと，全国との差が広がっている。高齢化率の高い自治体は，全国との差が2000年よりも大きく広がっていることがわかる。

　このようにみてくると，2005年の沿岸部自治体は，亘理町と塩竈市を境として，大きく2つのグループに分けられそうである。1つは，高齢化率が全国より低い自治体（利府町〜七ヶ浜町）と，全国より高いものの全国とほぼ同じ水準の自治体（東松島市・亘理町）のグループである。このグループのほとんどは，全国より低い高齢化率がますます低くなっているか，

あるいは全国より高いものの全国との差を縮めている自治体であった。もう1つは，高齢化率が全国より高い自治体で，特に全国を大きく上回る自治体（南三陸町～女川町）と，全国を上回るものの大幅とまではいかない自治体（塩竈市～現・気仙沼市）である。このグループは，全国との差が広がっている自治体であった。そのため，沿岸部自治体のなかでの，高齢化率の高い自治体と低い自治体との差も広がっていた。2000年に13.0ポイントであった利府町と女川町の差は，2005年には16.2ポイントに広がった。

## (3) 2000～2005年の高齢化の進行状況

2005年に，高齢化率の高い自治体と低い自治体との差が広がったのは，自治体によって高齢化の速度が異なっていたからである。そこで，2000年から2005年にかけて，どのくらい高齢化が進んだのかをみていくことにしよう。すべての自治体で高齢化率が上がっており，この差は高齢化の速さの差になる。

図表4-6は，2000年と2005年の高齢化率の差である。ここでは，年齢階級別人口から計算した2000年と2005年の高齢化率を用いて差を計算した。文中では，主に，小数点以下第二位で四捨五入した数字で紹介している。

高齢化率の差においても，七ヶ宿町（5.7ポイント）は最も大きい。つまり，2000年にすでに高齢化率の高かった七ヶ宿町は，2005年にかけての高齢化の進行も最も速かったことになる。ここに，女川町（5.3ポイント），松島町（4.9ポイント），現・気仙沼市（4.5ポイント），塩竈市（4.2ポイント）と，4ポイントを超える自治体が続く。

他方，高齢化の進行が遅かった自治体をみてみると，岩沼市（1.76ポイント），大和町（1.81ポイント）と2ポイント未満しか高齢化の進まなかった自治体もある。全国の高齢化率は，2.8ポイント高くなった。2.8ポイント以下の自治体は18あり，それらは全国に比べて，高齢化の進行が遅か

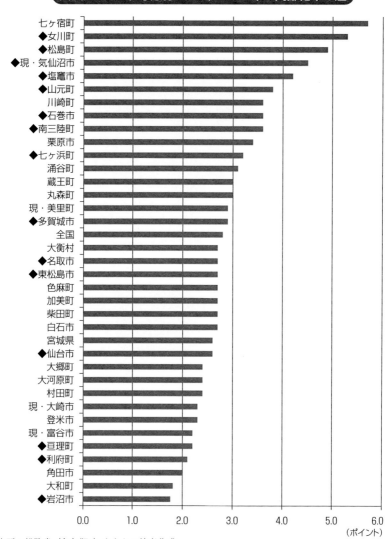

図表4-6 市町村別・2000年と2005年の高齢化率の差

出所:総務省(各年版a)をもとに筆者作成。

震災の影響をどうみるか **第4章** 55

ったことになる。つまり，宮城県では約半数の自治体が全国より高齢化の進行が遅かったことになる。

　沿岸部自治体に注目してみよう。高齢化の進行が速い方に女川町から南三陸町（3.6ポイント）まで，沿岸部自治体が続いている。特に，女川町から山元町までは約4ポイント以上と大きな上昇をみせていて，高齢化の進行が速かったことがわかる。そして，その少し下には，高齢化率の低い七ヶ浜町（3.2ポイント）もある。つまり，沿岸部自治体のうち，2000年にすでに高齢化率の高かった自治体はますます高齢化が進む傾向にあった。七ヶ浜町は高齢化の進行が速かったものの，岩沼市や利府町など，もともと高齢化率の低かった自治体の多くは，高齢化率の上昇幅も小さく，高齢化の進行が遅かった。

## ⑷ 2010年の高齢化率

　さらに5年後の2010年では，高齢化率はどのように変化したであろうか。**図表4－7**は2010年の市町村別の高齢化率をグラフにまとめたものである。

　七ヶ宿町（44.2％）の高齢化率が飛び抜けて高いことに変化はない。また，最も高齢化率の低い現・富谷市（13.7％）も，利府町（16.3％）とほぼ同じ差（2000年・2005年2.5ポイント→2010年2.6ポイント）である。七ヶ宿町と現・富谷市の差は30.5ポイントとわずかに縮まった（2005年30.9ポイント）。

　2010年も宮城県（22.4％）と全国（23.0％）が並んでいるので，これらを基準に高齢化率の高い自治体と低い自治体に分けて考えてみよう。

　高齢化率の低い自治体は，2005年と同じ10自治体で，半数以上が沿岸部自治体であった。ただ，利府町から七ヶ浜町まで一続きであった2005年に対し，2010年には大和町（20.7％）が七ヶ浜町（21.6％）を下回った。

　高齢化率の高い自治体をみてみると，七ヶ宿町と丸森町（33.6％）以外

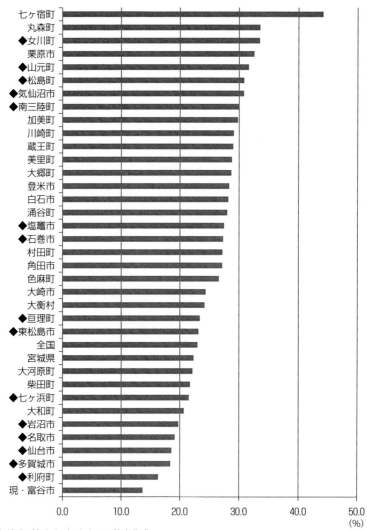

図表4-7　市町村別・高齢化率（2010年）

は順位の変動が激しいことがわかる。たとえば，女川町（33.5％）や松島町（30.9％），気仙沼市（30.8％）の沿岸部自治体の高齢化率が高くなり，内陸部自治体である加美町（29.8％）や川崎町（29.1％）を上回るようになった。また，2005年には全国との差がやや開いていた石巻市（27.3％）と塩竈市（27.5％）は，2010年にはさらに高齢化率の高い方へ順位を上げている。

　このようにみると，沿岸部自治体は，高齢化率の低い・比較的低い自治体と，高齢化率の高い・比較的高い自治体とに，いよいよ分かれてきたようである。利府町から，全国を上回るものの全国とほぼ同じ高齢化率を維持した東松島市（23.2％），亘理町（23.4％）までは，高齢化率の低い状態・比較的低い状態を維持した。2005年から高齢化率の上昇幅が大きかった石

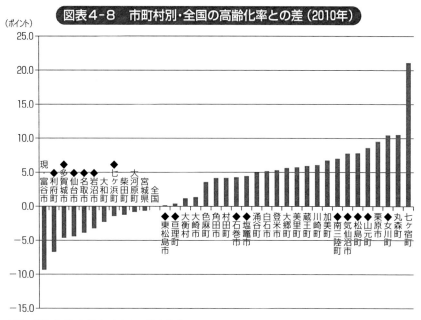

図表4-8　市町村別・全国の高齢化率との差（2010年）

出所：総務省（各年版a）をもとに筆者作成。

巻市，塩竈市から女川町までは，高齢化率の高い・比較的高い状態のまま，あるいは県内の高齢化率の順位を上げることになった。

　次に，全国との差をみてみよう（**図表4-8**）。七ヶ宿町（21.1ポイント）は2005年同様20ポイントを超えているが，2005年（22.2ポイント）から差を縮めている。この七ヶ宿町を含め，全国と10ポイント以上の差がある自治体は3自治体のままであるが，3番目は，2005年の栗原市と入れ替わって女川町（10.5ポイント）となっている。また，最も高齢化率の低い現・富谷市（－9.4ポイント）は，全国との差をさらに広げている（2005年－8.7ポイント）。

　沿岸部自治体に目を向けてみよう。まず，高齢化率の低い自治体からみてみると，利府町（－6.7ポイント）が全国に大きな差をつけている。利府町は2005年には全国との差が－6.3ポイントであったから，全国との差を広げたことになる。利府町のほかにも名取市（－2.8ポイント→－3.9ポイント），岩沼市（－2.6ポイント→－3.3ポイント）が全国との差を広げ，仙台市（－4.3ポイント→－4.4ポイント）もわずかではあるが全国との差を広げている。多賀城市（－4.8ポイント→－4.6ポイント）と七ヶ浜町（－1.8ポイント→－1.5ポイント）は全国との差を縮めている。多賀城市と七ヶ浜町を除き，高齢化率の低い自治体の多くは，ますます全国を下回る傾向を強めている。

　また，高齢化率が全国を上回るものの，比較的低い東松島市と亘理町も同様である。全国の高齢化率と比べると，2010年の東松島市は0.2ポイント，亘理町0.4ポイント上回るのみであり，ほぼ全国と同じ水準であった。しかも，2005年には，東松島市0.4ポイント，亘理町0.5ポイントであったから，これら2自治体は全国との差を縮めたことになる。

　石巻市と塩竈市は，2005年には2000年よりも全国との差を広げていた。同様に，2010年においても，石巻市（4.1ポイント→4.3ポイント），塩竈市

（3.4ポイント→4.5ポイント）と2005年よりも全国との差を広げている。特に，塩竈市は差が1ポイント以上も広がった。

　高齢化率の高い沿岸部自治体をみてみよう。全国の高齢化率との差が10ポイント以上ある女川町を始め，山元町（8.6ポイント），松島町（7.84ポイント），気仙沼市（7.80ポイント），南三陸町（7.0ポイント）と7～8ポイント程度の差のある自治体が続く。これらの自治体のうち，2005年から全国との差を広げたのが女川町（9.9ポイント→10.5ポイント），山元町（7.7ポイント→8.6ポイント），松島町（6.6ポイント→7.8ポイント），気仙沼市（6.7ポイント→7.8ポイント）である。いずれも変化が比較的大きいが，松島町と気仙沼市では1ポイント以上広がっていることがわかる。南三陸町のみ，7.5ポイントから7.0ポイントへ，全国との差を縮めている。

　このように，2010年の沿岸部自治体の多くは，高齢化率の低い・比較的低い自治体と，高い・比較的高い自治体と，それぞれが全国との差を広げる傾向にあった。女川町と利府町の差も，17.2ポイントに広がった。沿岸部自治体のなかで，高齢化率の高い自治体と低い自治体と，二極化が進む傾向にあったようである。

### (5) 2005～2010年の高齢化の進行状況

　図表4-9は，2005年と2010年の高齢化率の差である。ここでも，年齢階級別の人口から計算した2005年と2010年の高齢化率を用いて差を計算し，文中では小数点以下第二位を四捨五入した数字で紹介している。

　2000～2005年と同様に，すべての自治体で高齢化率が上昇した。ただし，その上昇の仕方は，2000～2005年と，さまざまな違いがみられる。

　最初に目につくのは，沿岸部自治体と内陸部自治体とがおおよそ分かれていることである。高齢化率の差が大きい，つまり，高齢化の進行が速かった自治体は，ほぼ沿岸部自治体である。逆に，高齢化率の差が小さい，

**図表4-9　市町村別・2005年と2010年の高齢化率の差**

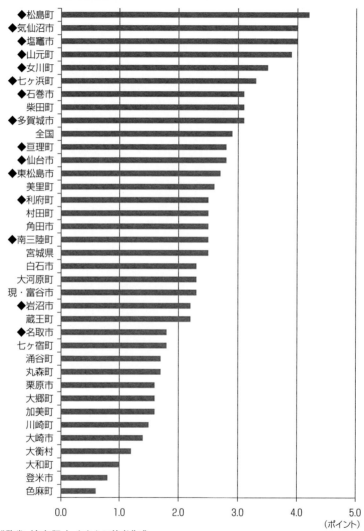

出所：総務省（各年版a）をもとに筆者作成。

震災の影響をどうみるか　**第4章**　61

つまり高齢化の進行が遅かった自治体は，色麻町（0.6ポイント）から七ヶ宿町（1.8ポイント）まで，すべて内陸部自治体である。宮城県全体（2.4ポイント）よりも高齢化の進行が遅かった沿岸部自治体は，岩沼市（2.2ポイント）と名取市（1.8ポイント）しかない。このようにみると，沿岸部自治体の多くは，宮城県内で比較すると，高齢化の進行が速かったことになる。

　しかし，全国的に高齢化が進んだのであるから，ここでも全国（2.9ポイント）を基準に，高齢化の速い自治体，遅い自治体に分けて考えてみよう。全国より高齢化率の差が大きい，つまり高齢化の進行が速かった自治体は松島町（4.2ポイント）から多賀城市（3.1ポイント）までの9自治体である。そのうち，柴田町（3.1ポイント）を除く8自治体が沿岸部自治体であった。これら8自治体は，松島町，気仙沼市（4.0ポイント），山元町（3.9ポイント），女川町（3.5ポイント）の高齢化率の高い自治体と，塩竈市（4.0ポイント），石巻市（3.1ポイント）の高齢化率の比較的高い自治体が大半である。ただし，高齢化率の低い多賀城市（3.1ポイント）と七ヶ浜町（3.3ポイント）も含まれている。つまり，もともと高齢化率の高かった自治体のほとんどが高齢化の進行も速く，高齢化の低い自治体の一部も高齢化の進行が速くなっていた。

　全国より高齢化率の差が小さい，つまり高齢化の進行が遅かった地域についてもみていこう。前述のように，内陸部自治体が多いのであるが，沿岸部自治体をピックアップしてみると，岩沼市，名取市，利府町（2.5ポイント），仙台市（2.8ポイント）は高齢化率の低い自治体である。東松島市（2.7ポイント）と亘理町（2.8ポイント）も，全国よりわずかに高齢化率の高い，比較的高齢化率の低い自治体であった。全国より高齢化の進行が遅かった沿岸部自治体では，南三陸町（2.4ポイント）のみが，高齢化率の高い自治体であった。つまり，高齢化の進行が遅かったのは，ほとん

ど高齢化率の低い・比較的低い自治体であった。

なお，全体に目を向けてみると，高齢化率の伸びは2000〜2005年よりも小さなものになっている。2000〜2005年には2.0ポイントを下回る自治体は2であったが，2005〜2010年では13に増えた。そのうち，色麻町（0.6ポイント），登米市（0.8ポイント）は1ポイントを下回るという小さな差である。また，2000〜2005年に最も高齢化の進んだ七ヶ宿町は5.7ポイントであったが，2005〜2010年では，最も高齢化の進んだ松島町でも4.2ポイントであった。宮城県全体としても，2.6ポイントから2.4ポイントになっている。

## (6) 2000〜2010年の高齢化の進行状況

これまでみてきた高齢化の進行状況を，2000〜2010年の10年間のスパンでみてみよう。

図表4-10は，2000〜2005年の高齢化率の変化と，2005〜2010年の高齢化率の変化を積み上げたものである。これにより，東日本大震災前の10年間の高齢化の進行状況について考えてみたい。

東日本大震災前の10年間で，最も高齢化が進んだのは松島町（9.1ポイント）であった。最も高齢化が進まなかったのは大和町（2.8ポイント）であった。実に，3倍以上の差であった。

高齢化率の差が大きい，つまり高齢化の進行が速かった自治体をみてみると，沿岸部自治体が多いことがわかる。ここでも，全国（5.7ポイント）を基準に考えてみよう。全国よりも高齢化の進行が速かったのは，松島町から柴田町（5.8ポイント）までの11自治体であった。そのうち，沿岸部自治体は9自治体である。高齢化の進行が速かったのは，ほぼ沿岸部自治体であった。特に，松島町，女川町（8.8ポイント），気仙沼市（8.4ポイント），塩竃市（8.1ポイント），山元町（7.7ポイント），石巻市（6.7ポイント），

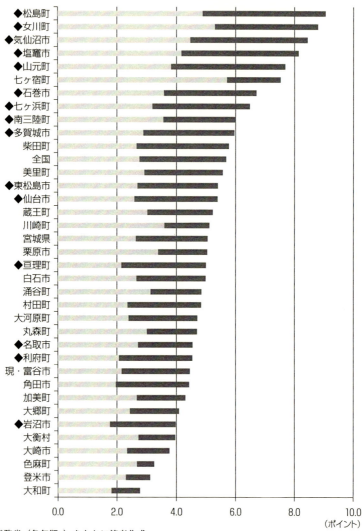

南三陸町（6.01ポイント）と，高齢化率が高い・比較的高い自治体が多い。高齢化率の高い沿岸部自治体で，高齢化の進行も速かったということになる。

　ただ，全国より高齢化の進行が速かった沿岸部自治体には，七ヶ浜町（6.5ポイント）と多賀城市（5.96ポイント）という高齢化率が低い沿岸部自治体も含まれている。そして，高齢化率の高い南三陸町は，七ヶ浜町と多賀城市にはさまれていて，全国との差も比較的小さい。南三陸町は，高齢化が進行しているものの，その進行の速さは，ほかの高齢化率の高い沿岸部自治体と比べると穏やかな状態になっていたようである。

　全国より高齢化率の差が小さい，つまり，高齢化の進行が遅かった自治体についても，みてみよう。こちらは，内陸部自治体が多い。そのなかに，仙台市（5.385ポイント），東松島市（5.394ポイント），亘理町（5.0ポイント），名取市（4.54ポイント），利府町（4.53ポイント），岩沼市（4.0ポイント）という，高齢化率の低い・比較的低い沿岸部自治体が点在している。

### (7) 小括

　これまでみてきた東日本大震災前の高齢化について，沿岸部自治体の状況をまとめてみたい。

　図表4-11は，2010年の高齢化率と，2000～2010年の高齢化の進行状況をまとめた表である。まず，高齢化率に着目してみよう。沿岸部自治体を，大まかに高齢化率が「低い」「比較的低い」「比較的高い」「高い」に分けてみると，図表4-11にもあるように，沿岸部自治体はほぼ半数ずつ，高齢化率が「低い」「比較的低い」と「比較的高い」「高い」に分かれた。また，宮城県全体を見渡してみると，高齢化率の「低い」自治体の多くが沿岸部自治体であった。つまり，高齢化率が高いか低いかという点からみれば，「沿岸部自治体はもともと高齢化が進んでいた」と一口にいえるもの

### 図表4-11　2010年の高齢化率と高齢化の進行状況

| 2000〜2010年の高齢化の速さ ＼ 2010年の高齢化率 | 低い（全国より低い） | 比較的低い（全国より高いが全国に近い） | 比較的高い（全国より高く，全国からやや離れているが，大きく上回るという程ではない） | 高い（全国を大きく上回る） |
|---|---|---|---|---|
| 速い（全国を上回る） | 七ヶ浜町<br>多賀城市 | | 塩竈市<br>石巻市 | 松島町<br>女川町<br>気仙沼市<br>山元町<br>南三陸町 |
| 遅い（全国を下回る） | 仙台市<br>利府町<br>名取市<br>岩沼市 | 東松島市<br>亘理町 | | |

出所：筆者作成。

ではない。沿岸部自治体のなかで，「高齢化が進んでいた」といえるのは女川町，山元町，松島町，気仙沼市，南三陸町の5自治体で，塩竈市と石巻市の2自治体もやや「高齢化が進んでいた」といえる。しかし，それ以外の七ヶ浜町，多賀城市，仙台市，利府町，名取市，岩沼市の6自治体は「高齢化が進んでいなかった」のであり，東松島市と亘理町の2自治体もやや「進んでいなかった」のである。沿岸部自治体には，確かに「高齢化が進んでいた」自治体もあるが，「高齢化の進んでいなかった」自治体の方がむしろ多かったというべきであろう。

　次に，高齢化の進行の速さに着目してみよう。図表4-11にもあるように，沿岸部自治体の半数を超える9自治体は，高齢化の速い自治体であった。しかも，宮城県内全体を見渡してみると，高齢化の速い自治体のほとんどが沿岸部自治体という状況であった。つまり，高齢化の進行の速さという点からみると，沿岸部自治体は「もともと高齢化が進んでいた」自治体が

多かったことになる。特に，高齢化率の「高い」「比較的高い」自治体はすべて，高齢化の進行が速かった。これらの自治体は，高齢化の進行の速さと高齢化率の高さとの両方の意味で「高齢化が進んでいた」ことになる。

最後に，2000年から2010年にかけての沿岸部自治体の特徴を，大まかにグループ分けをしながらまとめておこう。

女川町，南三陸町，山元町は，2000年の時点ですでに高齢化率の「高い」自治体であった。その後の高齢化の進行も速かった。ただ，女川町，山元町と比べると，南三陸町は，若干ではあるが進行が緩やかになっていたようであった。そして，この3自治体は，2010年でも高齢化率の「高い」自治体であった。

松島町と気仙沼市は，2000年には高齢化率が「比較的低い」自治体であった。しかし，その後の高齢化の進行が速く，2005年には高齢化率が「比較的高い」自治体，2010年には高齢化率が「高い」自治体となった。

塩竈市と石巻市も，松島町，気仙沼市と同じような傾向である。2000年には高齢化率が「比較的低い」自治体であったが，その後の高齢化の進行は速かった。2005年，2010年と全国との差が開いていき，2010年には高齢化率は「比較的高い」自治体となった。

東松島市と亘理町は，全国より若干高い程度の高齢化率を維持してきた。2000年，2005年，2010年とすべて「比較的低い」自治体である。高齢化の進行が全国よりも遅く，全国との差を縮めてきた。

七ヶ浜町と多賀城市は，2000年，2005年，2010年と高齢化率は「低い」ものの，高齢化の進行は全国より速い。2000年の高齢化率が「低」く，また高齢化の進行も全国を若干上回る程度であることから，2010年においても高齢化率の「低い」状態を維持している。

仙台市，利府町，名取市，岩沼市は高齢化率が「低」く，かつ高齢化の進行も遅い自治体である。そのため，全国の高齢化率との差も2000年，

2005年，2010年と開いていった。

　前述のように，2010年の国勢調査は，2010年10月1日現在であり，東日本大震災のおよそ5ヵ月前であった。東日本大震災直前，あるいは，当時の沿岸部自治体は，多賀城市と七ヶ浜町を除いて，高齢化率の高い・高齢化の進行が速い傾向にある自治体と，低い・遅い傾向にある自治体に，大まかに二分できそうである。

## 3．東日本大震災後の沿岸部自治体と高齢化

　2015年の国勢調査を中心に，東日本大震災の後の沿岸部自治体の高齢化について分析してみよう。2015年の高齢化率が高いかどうか，2010～2015年に高齢化率がどのくらい高くなったのか，という2点から「東日本大震災が高齢化を進めた」可能性について，考えてみたい。

### (1) 2015年の高齢化率

　図表4-12は，2015年10月1日現在の高齢化率である。前述のように，東日本大震災の約4年7ヵ月後になる。

　宮城県の高齢化率は，25.7％であった。全国（26.6％）よりも，1ポイント近く低くなっている。また，七ヶ宿町（46.13％）が突出して高いことに変わりはないが，丸森町（37.4％）との差は8.7ポイントに縮まった。最も高齢化率が低いのも現・富谷市（17.66％）で変わりはなく，利府町（20.43％）との差も2.8(2.77)ポイントとやや広がった程度である。2005年，2010年と30ポイント以上広がっていた七ヶ宿町と現・富谷市との差は，28.5（28.47）ポイントに縮まった。

　2015年についても，全国より高齢化率の高い自治体と低い自治体に分けてみよう。全国よりも高齢化率の低い自治体は10あり，そのうち6が沿岸

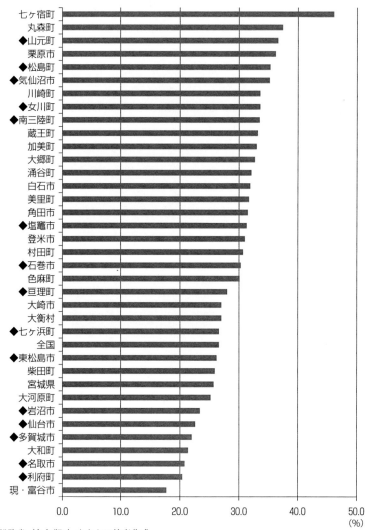

図表4-12 市町村別・高齢化率（2015年）

出所：総務省（各年版a）をもとに筆者作成。

部自治体であった。この数は2010年と変わらないが，沿岸部自治体のなかで入れ替わりがある。七ヶ浜町と東松島市である。2010年は，全国より低い自治体に七ヶ浜町が含まれていたが，2015年は七ヶ浜町が全国より高くなり，東松島市が全国より低くなった。

全国より高齢化率の高い自治体にも目を向けてみよう。七ヶ宿町と丸森町の順位に変化はないが，山元町（36.6％）や川崎町（33.6％）が順位を上げている。逆に，女川町（33.6％）は順位を下げた。高齢化率の高い自治体のなかでも，高齢化の進み方は違ったようである。この点は，後で検証する。

次に，全国の高齢化率との差をみてみよう。

七ヶ宿町と全国との差は，これまで20ポイントを超えていたが，2015年には19.5ポイントと，わずかではあるが20ポイントを下回った。全国と10ポイント以上の差があるのは丸森町（10.8ポイント），山元町（10.0ポイン

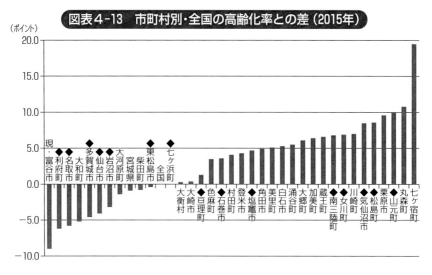

出所：総務省（各年版a）をもとに筆者作成。

ト）の３自治体であった。３番目の自治体には入れ替わりがあるが，2000年から３自治体であることに変わりはない。また，最も高齢化率の低い現・富谷市と全国との差は2010年の－9.4ポイントから－9.0ポイントに縮まった。

　沿岸部自治体に目を向けてみよう。最も高齢化率の低い利府町と全国との差は2005年よりも縮まった（－6.7ポイント→－6.2ポイント）。仙台市（－4.4ポイント→－4.1ポイント），岩沼市（－3.3ポイント→－3.2ポイント）もわずかに差を縮めている。逆に，名取市（－3.9ポイント→－5.8ポイント）は，全国との差を大きく広げた。東松島市（0.2ポイント→－0.4ポイント）もプラスからマイナスに転じた。多賀城市（－4.6ポイント）は2010年と同じであった。

　2010年には全国より高齢化率の低かった七ヶ浜町（－1.8ポイント→0.0ポイント）は，全国とほぼ同じ高齢化率となった。また，亘理町も「比較的低い」状態を維持しているが，全国との差は0.4ポイントから1.3ポイントに広がった。

　2015年においても石巻市と塩竈市は，全国を上回りつつも，その差は５ポイント以内に収まっている。ただし，塩竈市は4.5ポイントから4.7ポイントへ，わずかであるが差を広げた。逆に，石巻市は4.3ポイントから3.6ポイントへ，差を縮めた。全国との差は５ポイント以内ではあるが，亘理町と色麻町の間に比較的大きな差があることから，2015年においてもこの２自治体は，高齢化率が「比較的高い」自治体と考えることにしよう。

　沿岸部自治体で高齢化率の最も高かった山元町では，8.6ポイントから10.0ポイントへと全国との差が広がった。松島町（7.8ポイント→8.6ポイント），気仙沼市（7.8ポイント→8.5ポイント）も差が広がっている。逆に，2010年に全国に10ポイント以上も差のあった女川町（10.5ポイント→6.9ポイント）は，大きく差が縮まった。南三陸町（7.0ポイント→6.8ポイント）は，わずかではあるが差は縮まった。

高齢化率の高い・比較的高い自治体はより高齢化率が高く，低い・比較的低い自治体はより低めに，という2010年の二極化する傾向は，東日本大震災の後はみられなくなっていたようである。2015年の沿岸部自治体は，高齢化率の高い自治体にも低い自治体にも，全国との差が縮まった自治体と広がった自治体が混在していたのである。

### 2000〜2010年と2010〜2015年の高齢化率

　これまで大まかに，高齢化率が「高い」「比較的高い」「比較的低い」「低い」自治体に分けてきた。ここでは，沿岸部自治体について，2000〜2010年と2015年の高齢化率を比較することで，東日本大震災の影響について，考えてみよう。全国でも高齢化が進んでいることから，その分を差し引くために，全国の高齢化率との差を使って分析してみよう。

　まず，東日本大震災の前後とも，高齢化率が高い松島町，女川町，気仙沼市，山元町，南三陸町について，みていこう。**図表4-14**は，2015年の差が大きい順に，全国の高齢化率との差をグラフにしたものである。山元町，松島町，気仙沼市は，年々，全国の高齢化率との差が大きくなってい

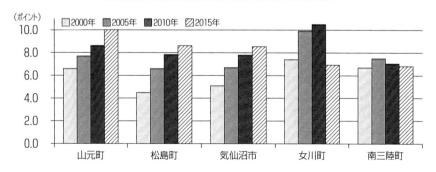

出所：総務省（各年版a）をもとに筆者作成。

る。なかでも，山元町は2015年の差の広がり方が大きく，2010年から2015年にかけて，高齢化が大幅に進んだことがわかる。それに対し，女川町は東日本大震災前の2010年がピークで，東日本大震災後にはむしろ全国との差を縮めている。南三陸町もピークは2005年で，徐々にではあるが，全国との差を縮めている。東日本大震災後に高齢化率が加速したのかどうか，判断するのは難しいところもあるが，少なくとも，2015年にそれ以前より全国との差が広がり，しかもそれ以前の変化より大きく差が開いた山元町において，東日本大震災後に高齢化が加速した，つまり，東日本大震災が高齢化を加速させた可能性が高いといってさしつかえないであろう。また，2015年よりも前は全国との差が広がっていたにもかかわらず，2015年には大きく全国との差を縮めた女川町については，東日本震災後に高齢化の進行が緩和された，つまり東日本大震災が高齢化の進行を緩和した可能性が高いといえよう。

　次に，東日本大震災の前後とも，高齢化率が比較的高い塩竈市と石巻市をみてみよう。**図表4-15**をみると，塩竈市は全国との差を広げてきているが，2015年はそれまでと比べると，差の広がり方はわずかである。また，

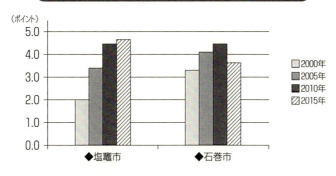

出所：総務省（各年版a）をもとに筆者作成。

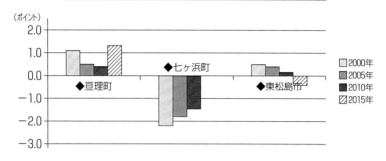

出所:総務省(各年版a)をもとに筆者作成。

　石巻市は，2015年には全国との差を縮めている。つまり，塩竃市と石巻市のいずれについても，東日本大震災後に高齢化が加速したとは考えにくく，特に，石巻市については，東日本大震災後に高齢化の進行が緩和されたと考えた方が良さそうである。

　次に，東日本大震災の前後とも高齢化率が比較的低かった亘理町，「低い」から「比較的低い」に転じた七ヶ浜町，「比較的低い」から「低い」に転じた東松島市をみていこう。亘理町は，東日本大震災前は全国との差を縮めてきていたが，震災後は差を広げ，2000年以上に差が大きくなっている。七ヶ浜町は，東日本大震災前は全国より1.5ポイント近く高齢化率が低かったにもかかわらず，震災後は一気に全国より高くなった。東松島市は，東日本大震災前は全国をわずかに上回る程度で，全国との差を縮めていて，震災後には全国より低くなった。以上から考えると，東日本大震災は，亘理町と七ヶ浜町において高齢化を加速させた可能性が高く，東松島市においては高齢化の進行を緩和した可能性が高そうである。

　最後に，東日本大震災の前後とも高齢化率の低かった岩沼市，仙台市，多賀城市，名取市，利府町を取り上げよう。**図表4-17**によると，岩沼市，

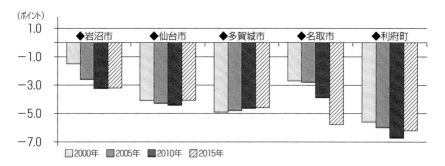

図表4-17 全国の高齢化率との差（低い）

出所：総務省（各年版a）をもとに筆者作成。

　仙台市，利府町は，東日本大震災前には全国との差を広げていたが，震災後は全国との差が縮まった。多賀城市は，東日本大震災前から全国との差が縮まる傾向にあり，震災後も同様に全国との差を縮めている。名取市は，東日本大震災前から全国との差を広げていたが，震災後はさらに大きく差を広げた。東日本大震災は，岩沼市，仙台市，利府町において高齢化を加速させ，名取市では高齢化の進行を緩和した可能性が高そうである。

　以上の分析から，沿岸部自治体すべてで東日本大震災後が高齢化をより進めたわけではないし，高齢化率の高い自治体ほど高齢化が進んだわけでもないことがわかる。高齢化率が高い自治体でも全国との差を縮めた自治体もあるし，高齢化率が「比較的低い」から「低い」に転じた自治体もある。「東日本大震災が高齢化を進めた」可能性が高い自治体は，山元町，亘理町，七ヶ浜町，岩沼市，仙台市，利府町であった。むしろ，もともと高齢化率の低かった自治体に，東日本大震災により高齢化が加速した可能性が高い自治体が多い。そして，東日本大震災で高齢化の進行が緩和されたようにみえた自治体も，女川町，石巻市，東松島市，名取市の4自治体あったのである。

震災の影響をどうみるか　**第4章**

## (2) 2010～2015年の高齢化の進行状況

　ここからは，高齢化率の上昇幅に着目して「高齢化が進んだかどうか」を検証してみよう。**図表4-18**は，2010年と2015年の高齢化率の差である。ここでも，年齢階級別の人口から計算した2010年と2015年の高齢化率を用いて上昇幅を計算している。

　2005～2010年と同様に，差の大きい，つまり高齢化の進行が速かった自治体に沿岸部自治体が多い。しかし，具体的な自治体となると，大きな変化がみられる。

　2005～2010年では，高齢化の進行が速かった順に，松島町，気仙沼市，塩竈市，山元町，女川町，七ヶ浜町，石巻市と続いていた。2010～2015年になると，最も高齢化の進行が速かったのは七ヶ浜町（5.1ポイント）であり，全国とほぼ同水準の高齢化率にとどまっている自治体であった。また，山元町（5.0ポイント）や松島町（4.41ポイント），気仙沼市（4.37ポイント）のように高齢化率の高い自治体も上位に来ているが，亘理町（4.5ポイント），利府町（4.2ポイント）といった高齢化率の低い・比較的低い自治体も上位に加わっている。

　他方，2010年と2015年の差が小さい，つまり高齢化の進行が遅かった自治体をみてみると，こちらにも大きな変化がみられる。2000～2005年に高齢化の進行が最も遅かったのは岩沼市（1.8ポイント），2005～2010年は色麻町（0.6ポイント）という，高齢化率の低い・比較的低い自治体であった。しかし，2010～2015年では，高齢化率の高い女川町（0.1ポイント）が最も遅く，しかも，女川町ではほとんど高齢化が進まなかったのであった。

　全国（3.6ポイント）を基準として，考えてみよう。2005～2010年には，全国よりも高齢化の進行が速かった自治体は，11しかなかった。2010～2015年になると，20自治体に増える。宮城県全体（3.4ポイント）として

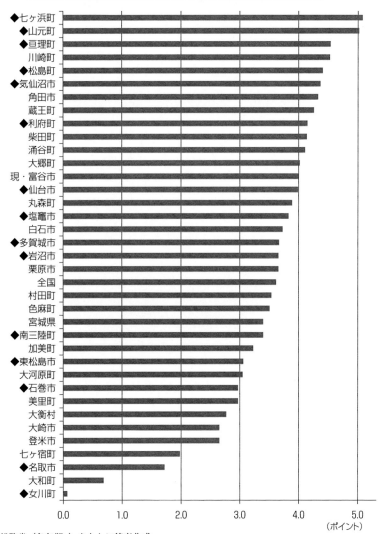

図表4-18　市町村別・2010年と2015年の高齢化率の差

出所：総務省（各年版a）をもとに筆者作成。

は全国より高齢化の進行が遅いものの、個々の自治体でみると、高齢化の進行が速い自治体の方が多かったのである。沿岸部自治体をみても、2005～2010年には全国より高齢化の進行が速い自治体は9あったが、2010～2015年には10に増加した。若干ではあるが、沿岸部でも高齢化の進行が速い自治体が増えていた。高齢化の進行が速かった自治体には、高齢化率の低い自治体も高い自治体も含まれていた。2010年までにみられた、高齢化率の高い自治体で高齢化が速く進んだという傾向はみられなくなっている。

**2000～2010年と2010～2015年の高齢化の進行状況**

東日本大震災前後での変化をみるために、2000～2010年と2010～2015年の高齢化率の上昇幅について、全国を基準として高齢化が速い・遅いに分けて考えてみよう。

2000～2010年にすでに高齢化の進行が速く、2010～2015年も速いままであったのが、七ヶ浜町から始まるグループである。2000～2010年は高齢化の進行が速かったが、2010～2015年は逆に遅くなったのが女川町から始まるグループである。つまり、もともと高齢化の進行が速かった11自治体の

図表4-19 高齢化の進行の速度

| 2000～2010年 \ 2010～2015年 | 全国より速い | 全国より遅い |
|---|---|---|
| 全国より速い | ◆七ヶ浜町, ◆塩竈市, ◆気仙沼市, ◆山元町, ◆松島町, ◆多賀城市, 柴田町 | ◆女川町, ◆石巻市, ◆南三陸町, 七ヶ宿町 |
| 全国より遅い | ◆仙台市, ◆亘理町, ◆利府町, ◆岩沼市, 蔵王町, 川崎町, 栗原市, 白石市, 涌谷町, 丸森町, 角田市, 現・富谷市, 大郷町 | ◆東松島市, ◆名取市, 大河原町, 美里町, 大崎市, 村田町, 加美町, 大衡村, 色麻町, 登米市, 大和町 |

出所：筆者作成。

うち，東日本大震災をはさんで，速いままの自治体は7（うち6が沿岸部自治体），逆に高齢化の進行が遅くなったのは4自治体（うち3が沿岸部自治体）であった。

2000～2010年は高齢化の進行が遅かったにもかかわらず，2010～2015年に速くなったのは，仙台市から始まるグループである。2000～2010年に高齢化の進行が遅く，2010～2015年も遅いままであったのは，東松島市から始まるグループである。つまり，もともと高齢化が遅かった24自治体のうち，東日本大震災をはさんで，高齢化の進行が速くなった自治体は13（うち4が沿岸部自治体），遅いままであったのが11（うち2が沿岸部自治体）であった。

沿岸部自治体について，さらに詳しく分析してみよう。まず，もともと高齢化の進行が速く，全国を上回っていた9自治体のうち，2010～2015年も高齢化が速いままである多賀城市，塩竈市，気仙沼市，松島町，山元町，七ヶ浜町の6自治体を取り上げよう。これらの自治体については，東日本大震災が高齢化を進めたといえるのであろうか。それを検証するために，高齢化率がどのくらい上がったのかに着目してみよう。全国的に高齢化が進んだことを差し引いて，6自治体における高齢化率の上昇幅から全国の高齢化率の上昇幅を引いたものが**図表4-20**である。

**図表4-20**をみると，6自治体のなかでも違いがあることがわかる。多賀城市の高齢化率の上昇幅は，もともと全国の高齢化の上昇幅とあまり変わらず，全国をわずかに上回る程度であった。その上昇幅は少しずつ大きくなっていたが，東日本大震災後は逆に小さくなった。塩竈市，気仙沼市，松島町は，東日本大震災前から全国の上昇幅との差を縮めていて，東日本大震災後もその傾向が続いた。つまり，これらの自治体では，東日本大震災後の方が，高齢化の進行は緩やかであった。特に，塩竈市は，東日本大震災前には全国を1ポイント以上も上回る速さで高齢化していたにもかかわらず，東日本大震災後には全国とあまり変わらない程度まで，高齢化の

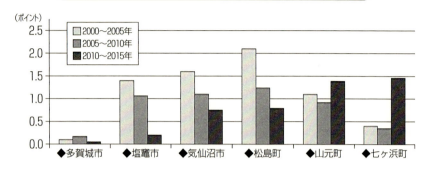

図表4-20　全国の高齢化率の上昇幅との差（速い-速い）

出所：総務省（各年版a）をもとに筆者作成。

進行速度が緩和されたのであった。

　山元町と七ヶ浜町は，東日本大震災後の方が，上昇幅が大きい。特に，七ヶ浜町は，東日本大震災前には0.5ポイント以内であった全国との差が1.5ポイント近くにまで広がった。それだけ，七ヶ浜町では東日本大震災後に高齢化の進行が速まったということである。つまり，これら6自治体のなかでは，山元町と七ヶ浜町について，東日本大震災が高齢化を進めた可能性が高そうである。高齢化の進行速度が緩和されたかどうかについて，判断が難しいところもあるが，多賀城市と塩竈市では緩和された可能性が高そうである。

　次に，もともと高齢化の進行が速く，全国を上回っていた女川町，南三陸町，石巻市についてみてみよう。これら3自治体は，東日本大震災後に高齢化の進行が遅くなり，日本全国が高齢化していく速さを下回った。この3自治体については，「東日本大震災が高齢化を進めた」とはいえないことになる。特に，女川町では高齢化の進行速度が大きく緩和された。

　ただし，5年おきでみた場合，若干注意が必要である。**図表4-21**によると，女川町と石巻市は，東日本大震災前には全国より高齢化の上昇幅が

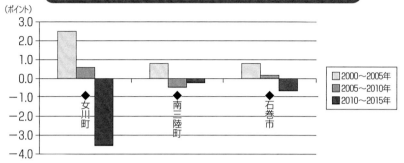

図表4-21 全国の高齢化率の上昇幅との差（速い-遅い）

出所：総務省（各年版a）をもとに筆者作成。

大きかった。つまり，全国を上回る高齢化の速さであったのが，東日本大震災後に全国より遅くなった。しかし，南三陸町の高齢化の進行は，東日本大震災直前の5年間2005～2010年にはすでに，全国を下回っていた。むしろ，2010～2015年には全国との差が縮まった。つまり，南三陸町については，全国よりも高齢化の進行が遅い状態は維持したものの，高齢化の進行自体は速まっていたのである。その意味では，南三陸町についても，東日本大震災が高齢化を進めた可能性がありそうである。

次に，もともとは高齢化の進行が遅かった自治体のうち，高齢化の進行が速くなった仙台市，亘理町，利府町，岩沼市をみてみよう（**図表4-22**）。これらの自治体は，東日本大震災後に全国の高齢化の進行速度を上回るようになったのであり，東日本大震災が高齢化を進めた可能性が高い。特に，岩沼市と利府町は，全国との差が比較的大きい状態であったにもかかわらず，全国を上回るようになった。また，亘理町についても，直前に全国とほぼ同じくらいになっていたとはいえ，一気に1ポイント近くまで差が開いている。東日本大震災が高齢化へ与えた影響は，岩沼市，利府町，亘理町において特に大きかったということであろう。

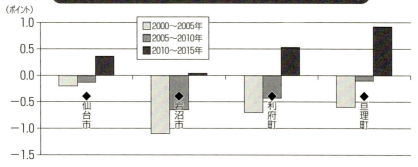

図表4-22 全国の高齢化率の上昇幅との差（遅い-速い）

出所：総務省（各年版a）をもとに筆者作成。

　最後に，高齢化の遅い状態を維持している東松島市と名取市をみてみよう。**図表4-23**をみても，全国との差は年々大きくなっており，高齢化の進行が遅くなっていることがわかる。この2自治体については，東日本大震災が高齢化を進めたとは考えにくい。

　以上のように，全国的に高齢化が進んだことを差し引いて考えると，沿岸部自治体のうち，「東日本大震災が高齢化を進めた」可能性が高そうなのは，山元町，七ヶ浜町，南三陸町，仙台市，亘理町，利府町，岩沼市の7自治体となる。すべての沿岸部自治体で高齢化に拍車がかかったわけではなく，もともと高齢化の進んでいた自治体ほど高齢化が加速したということでもない。そして，多賀城市，塩竈市，女川町，石巻市，東松島市，名取市では，むしろ，東日本大震災後に高齢化の進行速度が緩和されたようにみえた。東日本大震災が沿岸部自治体の高齢化へ与えた影響は，一様ではなかったようである。

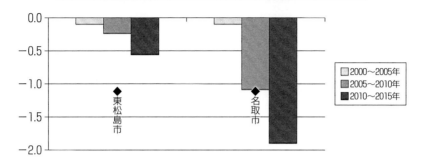

出所：総務省（各年版a）をもとに筆者作成。

## (3) 人口増減と高齢化

　ここまでの高齢化率の分析に，人口増減の視点を加えてみよう。高齢化率の高さと上昇幅の2つの分析とも「東日本大震災が高齢化を進めた」可能性が高いと考えられたのは，山元町，亘理町，七ヶ浜町，岩沼市，仙台市，利府町の6自治体であった。逆に，東日本大震災後に高齢化の進行が緩和されたようにみえる自治体は，女川町，石巻市，東松島市，名取市の4自治体であった。ここに，第3章でみた2010～2015年の人口増減のデータを加えたものが**図表4-24**である。沿岸部自治体を人口増減率の順に並べ，「東日本大震災が高齢化を進めた」可能性の高い6自治体に「加速」，むしろ高齢化の進行が緩和されたようにみえる4自治体を「緩和」とした。

　まず，人口増減率がマイナス，つまり人口減少だった自治体について，みてみよう。女川町から多賀城市まで11自治体あり，加速と緩和が3自治体ずつ含まれている。最も人口減少率が高かった女川町で高齢化の進行が緩和されているように，人口減少が必ずしも高齢化の加速には結びついていなかったことがわかる。

### 図表4-24 人口増減と高齢化の加速

| 市町 | 人口増減率（％） | 高齢化の進行 |
|---|---|---|
| 女川町 | −37.0 | 緩和 |
| 南三陸町 | −29.0 | |
| 山元町 | −26.3 | 加速 |
| 気仙沼市 | −11.6 | |
| 七ヶ浜町 | −8.6 | 加速 |
| 石巻市 | −8.5 | 緩和 |
| 東松島市 | −7.9 | 緩和 |
| 松島町 | −4.4 | |
| 塩竈市 | −4.1 | |
| 亘理町 | −3.6 | 加速 |
| 多賀城市 | −1.5 | |
| 岩沼市 | 1.1 | 加速 |
| 仙台市 | 3.5 | 加速 |
| 名取市 | 4.8 | 緩和 |
| 利府町 | 5.4 | 加速 |

出所：筆者作成。

　次に，人口増減率がプラス，つまり人口増加だった4自治体についてみてみると，3自治体が加速，1自治体が緩和である。特に，最も人口増加率の高かった利府町が加速である。人口増加の自治体には，若い世代が流入して高齢化率を下げている，というイメージがあるとすれば，それは現実とは異なるようである。

　あらためて表全体をみてみると，加速は表の下方に，緩和は上方に，ある程度集まっているような印象を受ける。つまり，高齢化が加速したのは人口増加か人口減少率の低い自治体，高齢化の進行が緩和されたのは人口減少率の高い自治体，という傾向にあるようである。

(4) 小括

　高齢化率の高さと上昇幅の分析から，共通する自治体を整理してみると，2つの分析ともに東日本大震災後に高齢化が加速した，つまり，「東日本大震災が高齢化を進めた」可能性が高いと考えられたのは，山元町，亘理町，七ヶ浜町，岩沼市，仙台市，利府町の6自治体であった。高齢化率の高い自治体よりも，低い自治体の方が多い。逆に，東日本大震災後に高齢化の進行が緩和された，つまり，東日本大震災が高齢化の進行を緩和した可能性が高い自治体も，女川町，石巻市，東松島市，名取市の4自治体あった。

　人口増減との関係をみてみると，必ずしも，人口減少が高齢化の加速に結びついていたわけではなかった。たとえば，最も人口減少率の高い女川町では高齢化が緩和，最も人口増加率の高い利府町では高齢化が加速したと考えられた。人口減少で高齢化が加速，人口増加で高齢化が緩和，という単純な関係ではなかったのである。

## 4．東日本大震災の人的被害・移動と高齢化

　東日本大震災の人的被害とその後の人口移動が沿岸部自治体の人口に与えた影響について考えてみよう。

### (1) 東日本大震災の人的被害

　ここでは，東日本大震災の犠牲者について取り上げる。東日本大震災では，幅広い年齢層の方々が被害に遭遇した。そのなかから亡くなられた方々，具体的には①死亡者，②行方不明者のうち死亡届が出された方々，を取り上げ，その年齢に焦点をあてる。

この節で用いるデータは，主に，宮城県総務部危機対策課より提供していただいたものである。女川町，亘理町，仙台市についてはデータがないため，自治体のホームページで公表されているものや，谷（2012）が集計した2012年1月現在のデータを用いている。また，仙台市については，年齢階級別のデータがなく，年齢別の分析は行っていない。

### ①東日本大震災による死者・行方不明者

　まずは，東日本大震災による死者数と行方不明者数を確認しておこう。**図表4-25**によると，死者・行方不明者の合計が4,000人近い石巻市から2人の利府町まで，沿岸部自治体でもかなり差があることがわかる。死者数は石巻市3,552人が突出して多く，気仙沼市，東松島市，仙台市でも1,000人以上の方が亡くなっている。また，行方不明者も，石巻市425人が突出して多く，気仙沼市，南三陸町でも200人以上の方が行方不明となっている。あらためて，多くの方が犠牲になられたことを実感させられる数字である。

　この人的被害は，それぞれの沿岸部自治体の人口に対し，どのくらいの規模であったのだろうか。死亡者と，行方不明者のうち死亡届が出されている方（以下，「死亡届有り行方不明者」）とを合計し，それぞれ沿岸部自治体の総人口に占める割合を出したものが**図表4-26**である。なお，総人口は，2010年の国勢調査を用いた。前述のように，2010年の国勢調査は，10月1日現在で行われていて，東日本大震災当時の人口に近いものであったと考えられる。

図表4-25　東日本大震災による死者数・行方不明者数（人）

|  | 死者数 | 行方不明者数 |
|---|---|---|
| 石巻市 | 3552 | 425 |
| 塩竈市 | 42 | 0 |
| 気仙沼市 | 1216 | 215 |
| 名取市 | 954 | 38 |
| 多賀城市 | 219 | 0 |
| 岩沼市 | 186 | 1 |
| 東松島市 | 1132 | 23 |
| 山元町 | 700 | 18 |
| 松島町 | 7 | 0 |
| 七ヶ浜町 | 79 | 2 |
| 利府町 | 2 | 0 |
| 南三陸町 | 620 | 211 |
| ※女川町 | 574 | ― |
| ※亘理町 | 306 | ― |
| ※仙台市 | 1002 | 27 |

注：「死者数」は，直接死のみでなく間接死を含む。
※女川町は，2017年3月1日現在の死者数。亘理町は，2012年6月4日現在の「死亡者数（他市町で亡くなった方，震災関連死，死亡届のあった遺体未発見含む）」。仙台市は，2017年3月1日現在の死者数，行方不明者数。
出所：宮城県総務部危機対策課。女川町，亘理町，仙台市はホームページ。

　図表4-26をみると，女川町では8.3％もの方が亡くなっていることに，あらためて驚かされる。そして，南三陸町4.8％，山元町4.3％と4％を超える自治体も2ある。人的被害の最も大きかった石巻市は2.5％であった。人口に占める割合についても，女川町の8.3％から松島町・利府町の0.0％まで，大きな差がある。人口の規模に比例して人的被害が起きたというわけではなかったようである。

**図表4-26　死亡者と死亡届有り行方不明者の総人口に占める割合**

| | 死者数(人) | 死亡届有り行方不明者(人) | 計(人) | 総人口(人) | 総人口に占める割合(%) |
|---|---|---|---|---|---|
| 石巻市 | 3552 | 409 | 3961 | 160826 | 2.5 |
| 塩竈市 | 42 | 0 | 42 | 56490 | 0.1 |
| 気仙沼市 | 1216 | 209 | 1425 | 73489 | 1.9 |
| 名取市 | 954 | 38 | 992 | 73134 | 1.4 |
| 多賀城市 | 219 | 0 | 219 | 63060 | 0.3 |
| 岩沼市 | 186 | 1 | 187 | 44187 | 0.4 |
| 東松島市 | 1132 | 22 | 1154 | 42903 | 2.7 |
| 山元町 | 700 | 18 | 718 | 16704 | 4.3 |
| 松島町 | 7 | 0 | 7 | 15085 | 0.0 |
| 七ヶ浜町 | 79 | 2 | 81 | 20416 | 0.4 |
| 利府町 | 2 | 0 | 2 | 33994 | 0.0 |
| 南三陸町 | 620 | 210 | 830 | 17429 | 4.8 |
| ※女川町 | 574 | 253 | 827 | 10014 | 8.3 |
| ※亘理町 | | | 306 | 34845 | 0.9 |
| ※仙台市 | 1002 | 27 | 1029 | 1045986 | 0.1 |

※女川町は，2017年3月1日現在の死者数，2011年3月11日現在の総人口。亘理町は，2012年6月4日現在の「死亡者数（他市町で亡くなった方，震災関連死，死亡届のあった遺体未発見含む）」。仙台市は，2017年3月1日現在の死者数，行方不明者数。
出所：死者数，死亡届有り行方不明者は宮城県総務部危機対策課。女川町，亘理町，仙台市はホームページ。総人口は総務省（各年版a）。

### ②被害者の年齢（2区分）

　ここからは，被害者の年齢に着目してみたい。死亡者と死亡届有り行方不明者について，65歳未満と65歳以上に分けたものが**図表4-27**である。それぞれ，人数と，死者と死亡届有り行方不明者総数に占める割合を載せている。

図表4-27　年齢別（2区分）・死者と死亡届有り行方不明者

|  | 65歳未満 | | 65歳以上 | | 身元不明者 | | 死者と死亡届有り行方不明者 |
|---|---|---|---|---|---|---|---|
|  | 人数(人) | 割合(%) | 人数(人) | 割合(%) | 人数(人) | 割合(%) |  |
| 石巻市 | 1668 | 42.1 | 2282 | 57.6 | 11 | 0.3 | 3961 |
| 塩竈市 | 10 | 23.8 | 31 | 73.8 | 1 | 2.4 | 42 |
| 気仙沼市 | 546 | 38.3 | 855 | 60.0 | 24 | 1.7 | 1425 |
| ※名取市 | 400 | 43.5 | 518 | 56.4 | 1 | 0.1 | 919 |
| 多賀城市 | 118 | 53.9 | 101 | 46.1 | 0 | 0.0 | 219 |
| 岩沼市 | 108 | 57.8 | 79 | 42.2 | 0 | 0.0 | 187 |
| 東松島市 | 481 | 41.7 | 671 | 58.1 | 2 | 0.2 | 1154 |
| 山元町 | 312 | 43.5 | 406 | 56.5 | 0 | 0.0 | 718 |
| 松島町 | 0 | 0.0 | 7 | 100.0 | 0 | 0.0 | 7 |
| 七ヶ浜町 | 27 | 33.3 | 52 | 64.2 | 2 | 2.5 | 81 |
| 利府町 | 1 | 50.0 | 1 | 50.0 | 0 | 0.0 | 2 |
| 南三陸町 | 260 | 31.3 | 569 | 68.6 | 1 | 0.1 | 830 |
| 女川町 | 182 | 32.4 | 380 | 67.6 | ― | ― | 562 |
| 亘理町 | 137 | 50.9 | 132 | 49.1 | ― | ― | 269 |

※名取市は，名取市に住基がある分のみ集計。
出所：宮城県総務部危機対策課。女川町・亘理町は谷（2012）。

　**図表4-27**によると，被害者のなかに高齢者の占める割合が高い自治体が多いことがわかる。50.0％の利府町から100.0％の松島町まで，11自治体で65歳以上が半数を超えている。65歳未満の方が多い自治体は，多賀城市，岩沼市，亘理町の3自治体のみである。それら3自治体でも高齢者の占める割合は40％を超えている。沿岸部自治体全体でみても，被害者には高齢者の占める割合が高かったことがわかる。

　もう1つ，別の形で被害者の年齢に着目してみたい。年齢別（2区分）の死亡率として，年齢別（2区分）の人口に占める死亡者・死亡届有り行方不明者の割合を計算したものが**図表4-28**である。

図表4-28 年齢別（2区分）・死亡率

|  | 65歳未満 | | | 65歳以上 | | |
|---|---|---|---|---|---|---|
|  | 人口（人） | 死亡者・死亡届有り行方不明者（人） | 死亡率（％） | 人口（人） | 死亡者・死亡届有り行方不明者（人） | 死亡率（％） |
| 石巻市 | 116511 | 1668 | 1.4 | 43747 | 2282 | 5.2 |
| 塩竈市 | 40913 | 10 | 0.0 | 15493 | 31 | 0.2 |
| 気仙沼市 | 50750 | 546 | 1.1 | 22600 | 855 | 3.8 |
| ※名取市 | 58962 | 400 | 0.7 | 13945 | 518 | 3.7 |
| 多賀城市 | 51222 | 118 | 0.2 | 11531 | 101 | 0.9 |
| 岩沼市 | 35420 | 108 | 0.3 | 8723 | 79 | 0.9 |
| 東松島市 | 32932 | 481 | 1.5 | 9932 | 671 | 6.8 |
| 山元町 | 11420 | 312 | 2.7 | 5284 | 406 | 7.7 |
| 松島町 | 10430 | 0 | 0.0 | 4654 | 7 | 0.2 |
| 七ヶ浜町 | 16012 | 27 | 0.2 | 4400 | 52 | 1.2 |
| 利府町 | 28417 | 1 | 0.0 | 5526 | 1 | 0.0 |
| 南三陸町 | 12189 | 260 | 2.1 | 5238 | 569 | 10.9 |
| 女川町 | 6673 | 182 | 2.7 | 3362 | 380 | 11.3 |
| 亘理町 | 26430 | 137 | 0.5 | 8078 | 132 | 1.6 |

※名取市は，名取市に住基がある分のみ集計。
出所：人口は総務省（各年版a）。死亡者・死亡届有り行方不明者の人数は宮城県総務部危機対策課，女川町・亘理町は谷（2012）。

　65歳未満と65歳以上に分けた年齢別（2区分）の死亡率をみると，すべての沿岸部自治体で65歳以上の死亡率の方が高いことがわかる。65歳未満では，利府町0.0％から山元町・女川町の2.7％の間であるが，65歳以上となると，女川町11.3％，南三陸町10.9％と，10％を超える自治体も出てくる。町の高齢者の1割以上が犠牲になったということである。山元町7.7％，東松島市6.8％も高い。

③東日本大震災の人的被害と高齢化率
　亡くなられた方々について，年齢で分け，それを高齢化率という数字に

関連づけることに抵抗がないわけではない。しかし，ここでは，それを許してほしい。

これまでみてきたように，沿岸部自治体では，65歳以上の高齢者が多く亡くなった。第2章でも述べたように，単純な数字として考えると，東日本大震災は，高齢化率を下げる要因となったはずである。

これを検証するため，図表4-29では，被災直後の高齢化率を計算した。それぞれの自治体の総人口には，2010年の国勢調査の総人口から死亡者・死亡届有り行方不明者の数を引いたものを用いた。65歳以上人口についても，2010年の国勢調査から死亡者・死亡届有り行方不明者の数を引き，それが総人口に占める割合を「被災後高齢化率」とした。参考のため，2010年の国勢調査の時点での高齢化率を再掲した。

図表4-29 被災直後の高齢化率

|  | 被災後高齢化率（％） | 2010年の高齢化率（％） |
| --- | --- | --- |
| 石巻市 | 26.4 | 27.3 |
| 塩竈市 | 27.4 | 27.5 |
| 気仙沼市 | 30.2 | 30.8 |
| 名取市 | 18.6 | 19.1 |
| 多賀城市 | 18.2 | 18.4 |
| 岩沼市 | 19.6 | 19.8 |
| 東松島市 | 22.2 | 23.2 |
| 山元町 | 30.5 | 31.6 |
| 松島町 | 30.8 | 30.9 |
| 七ヶ浜町 | 21.4 | 21.6 |
| 利府町 | 16.3 | 16.3 |
| 南三陸町 | 28.1 | 30.1 |
| 女川町 | 31.4 | 33.5 |
| 亘理町 | 23.0 | 23.4 |

出所：筆者作成。

図表4-29によると，同値であった利府町を除き，すべての沿岸部自治体で高齢化率が下がっていた。65歳以上の高齢者の死亡率が最も高かった女川町では，2.1ポイントも下がっている。女川町と同じように，65歳以上の高齢者の死亡率が10％を超えていた南三陸町でも，高齢化率が1.9ポイント下がっている。以上のように，東日本大震災の人的被害そのものは，高齢化率を下げる方向へ作用したのであった。

④小括

　2010年の国勢調査を参考に，東日本大震災直後の高齢化率を試算してみると，利府町（同値）以外のすべての沿岸部自治体で高齢化率が下がっていた。東日本大震災の人的被害そのものは，高齢化を進めたのではなく，逆に，高齢者が多く亡くなったことによって高齢化率を引き下げたようである。つまり，東日本大震災の人的被害そのものに着目すれば，「東日本大震災が高齢化を進めた」とはいえないのである。

## (2) 東日本大震災後の移動（転出・転入）

　ここでの目的は東日本大震災後の人口移動が地域の高齢化に与えた影響について分析することである。最初に東日本大震災後の宮城県全体および県内市町村の人口移動状況を確認し，その後，地域間の人口移動（転出入）が地域の高齢化の進行に与えた影響について分析を試みる。

**人の移動に関する統計資料**

　分析を始める前に，人の移動に関する統計資料にはどのようなものがあるか，簡単に説明しておこう。

　人の移動に関する主な統計資料としては住民基本台帳に基づく「住民基本台帳人口移動報告」（総務省統計局），5年おきに実施される「国勢調査」

（総務省統計局），そして厚生労働省が国立社会保障・人口問題研究所を通じて行っている「人口移動調査」（国立社会保障・人口問題研究所）などがある。

　住民基本台帳人口移動報告は市町村長が作成する「住民基本台帳により，人口の移動状況を明らかにする」ことを目的とするものである（総務省統計局ホームページ）。毎月公表されており，人口の移動状況について月単位で明らかにすることができる。ただし，この調査は住民基本台帳への届け出に基づいているため，ほかの市町村に移転していても住民登録を行わない場合などは統計上把握することができない。また，この調査における移動者数は住民基本台帳法の規定に基づいて当該期間内に転入届のあった者および職権記載がなされた者の数であり，必ずしもその期間に実際に移動した者の数ではない。さらに，同一人が当該期間内に2回以上住所を移した場合は，その都度，移動者数に計上される点にも注意が必要である。

　これに対して，個々人の住民登録とは関係なく人口の移動状況を把握できるものが国勢調査である。国勢調査は「国内の人口・世帯の実態を把握し，各種行政施策そのほかの基礎資料を得ることを目的とする」もので（総務省統計局ホームページ），調査は5年ごとであるが，日本の統計調査のなかで最も基本的かつ大規模なものといえる。

　なお，国勢調査には大規模調査年と簡易調査年とがあり，人口移動に関する調査（集計）は大規模調査時にのみ行われる。したがって，人口移動に関するデータは10年おきにしかとることができないことになる。2015年の国勢調査は簡易調査年にあたるため，本来であれば人口移動に関する調査（集計）は行われないことになるが，今回は東日本大震災が与えた影響を把握するためということで調査（集計）が行われている。

　最後に人口移動調査は「生涯を通じた人口移動の動向を明らかにし，将

来の移動可能性を見通すための基礎データを得ることを目的として」実施されるもので（国立社会保障・人口問題研究所），1976年の第1回調査以降，第1回，第2回調査は10年おきに，91年の第3回調査以降は5年おきに調査が実施されてきた。最も最近の調査は2016年のものになる。調査項目はライフイベントごとの居住地，移動理由や5年後の移動可能性，別の世帯にいる家族の居住地などとなっている。

　人の移動に関する主な統計資料としては以上の3つがあるが，ここでは本書のほかの章と同様，国勢調査の移動人口に関する集計結果に基づいて，東日本大震災後の人の移動が地域の高齢化の進行に与えた影響について分析を行う。

### ①宮城県市町村の人口移動状況

　宮城県震災復興・企画部統計課では2015年の国勢調査の「移動人口の男女・年齢等集計結果」から宮城県の移動人口に関する集計結果をまとめた資料を公表している（宮城県 2017a）。以下では，主にこの資料に依拠して，東日本大震災後の宮城県市町村の人口移動状況について分析を行う。

　なお，最初に「移動人口」について簡単に説明しておきたい。国勢調査における人口は「常住人口」である。「常住人口」とは調査時（2015年10月1日）に調査の地域に常住している者，具体的には調査地域内の住居に3ヵ月以上に渡って住んでいるか，または住むことになっている住人（「常住者」）の人口をいう。そして，この「常住者」のうちで，5年前（2010年10月1日）にふだん住んでいた市区町村（5年前の常住地）が現住所以外の者を「移動人口」と呼ぶ。

　また，当該地域に常住している者のうち，5年前は当該地域以外に常住していた者を「転入者」，5年前は当該地域に常住していた者のうち，調査時は当該地域以外に常住している者を「転出者」という。

**宮城県の移動人口**

　図表4-30は2015年の国勢調査による宮城県の人口を5年前に住んでいた場所別にみたものである。

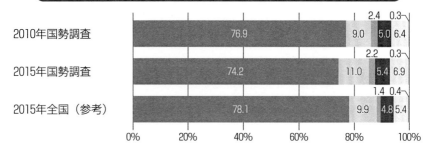

出所：総務省（各年版a）をもとに筆者作成。

　これによると、5年前と同じ場所に住んでいる人が162万991人（これは2017年の宮城県の人口総数233万3,899人の74.2％にあたる）、現住所以外に住んでいた移動人口は56万2,599人（同25.8％）となっており、人口総数の4分の1以上がこの5年間に住所を移動していることになる。これは5年前の2010年の国勢調査と比べると、移動人口数は4万4,688人増加し、移動人口の割合は23.1％から25.8％へと2.6ポイント上昇している。

　また、移動人口を5年前に住んでいた場所別にみると「自市区町村内」が23万9,546人（人口総数の11.0％）と最も多く、次いで「他県」が14万9,720人（同6.9％）、「県内他市区町村」が11万8,024人（同5.4％）、「自市内他区」4万9,100人（同2.2％）、「国外」6,209人（同0.3％）となっている。

　図表4-31は2010年と2015年を比べた都道府県ごとの移動人口割合の変

化を示したものである。

　図表4-31に示されているように，2010年時点と比べて移動人口の割合が上昇したのは宮城県，岩手県，福島県，沖縄県，山形県，熊本県，佐賀県の7県のみであり，ほかの40都道府県では低下している。全国では0.9ポイントの低下となっている。

　多くの都道府県で移動人口割合が低下しているなかで，宮城県，岩手県，福島県という被災3県において移動人口割合が上昇していることは興味深いといえるだろう。

　なお，人口総数に対する移動人口の割合を都道府県別に順位づけると，宮城県の移動人口の割合25.8％は東京都，沖縄県に次いで全国3位となっている。2010年時点では宮城県の順位は13位であったから，大きく順位が上昇していることがわかる。

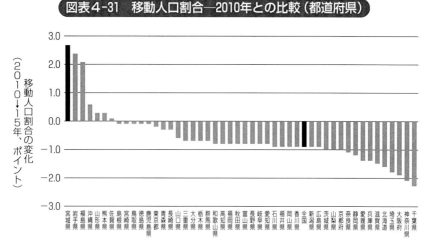

図表4-31　移動人口割合―2010年との比較（都道府県）

出所：宮城県（2017a，表2）をもとに筆者作成。

図表4-32は年齢5歳階級別にみた移動人口の割合を示したものである。年齢別にみた移動人口割合は25～29歳が最も高く（50.5％），次いで30～34歳（50.4％），20～24歳（44.3％）となっている。移動人口の割合は20歳代，30歳代で高い。5年前の2010年の国勢調査の結果と比べると，すべての年齢階級で上昇しており，なかでも45歳以上の年齢階級において上昇幅が大きい。

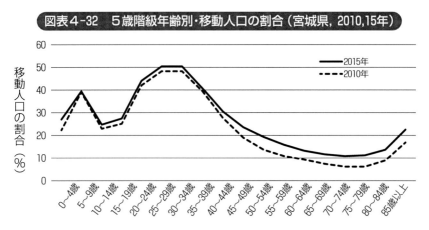

出所：宮城県（2017a，表3）をもとに筆者作成。

## 宮城県の転入・転出状況

　次に転入・転出状況についてみる。図表4-33は宮城県の転入者数，転出者数をそれぞれ5年前と比較したものである。

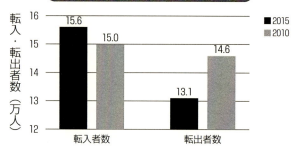

資料：宮城県（2017a, 表9）をもとに筆者作成。

　宮城県の転入者数は15万5,929人で，5年前と比べると6,365人の増加となっている。この増加数は全国で最も大きい。転入者を転入前の都道府県別にみると福島県からの転入者数が最も多く，他県からの転入者の13.5％を占めている。また，福島県を含めた東北5県からの転入者は6万4,012人と，他県からの転入者の42.8％を占めている。

　他方，宮城県からの転出者は13万1,047人で，5年前と比べると1万4,989人減少している。転出者を転出先の都道府県別にみると，最も多いのは東京都で（転出者の15.3％），次いで岩手県，神奈川県となっている。東京圏への転出者は5万53人と転出者全体の38.2％を占める。

　この結果，宮城県の転入・転出超過数（＝転入―転出）は2万4,882人の転入超過となり，5年前と比べて転入超過数は2万1,354人増加し，転入超過率（総数（常住者）に対する転入超過数の割合）は5年前の0.2％から1.1％へと大きく上昇している。東北5県との間でみると，青森，岩手，秋田，山形，福島，いずれの県との間でも転入超過となっている。特に福島県との間で1万人を超える転入超過（1万298人）となっている。

　**図表4-34**は宮城県の転入および転出者数を年齢（5歳階級）別にみたものである。これによると年齢別では，転入者数は20〜24歳で最も多く，

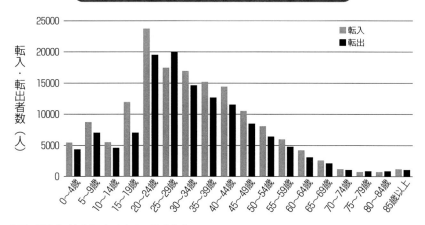

図表4-34　宮城県の5歳階級年齢別・転入出者数

出所：総務省（各年版a）をもとに筆者作成。

転出者数は25〜29歳で最も多いということがわかる。これは進学，就職などが主な理由と考えられる。

**市町村別にみた移動人口**

　次に市町村別の移動人口の状況をみてみよう。

　なお，仙台市は5つの区（青葉区，宮城野区，若林区，太白区，泉区）で構成されており，このうち宮城野区，若林区は震災に伴う津波被害を受けたエリアを含み，沿岸部地域に分類される。他方，青葉区，太白区，泉区は内陸部地域に分類される（第1章でみたように，太白区も震災による津波被害を受けたエリアを含むが，ここでは宮城県（2017a）の区分に従い，内陸部地域として分類する）。ここでは「市町村別」という場合には仙台市は1つの市としてまとめて取り扱い，地域を「沿岸部」「内陸部」に大きく分けて論じる際には1つの市としてではなく，区ごとに分けて取り扱い，宮城野区，若林区は沿岸部として，そのほかの3つの区は内陸部とし

て取り扱うことにする。

　最初に市町村別の移動人口の割合を確認する。市町村別に5年前に住んでいた場所別にみると，現住所以外に住んでいた人（移動人口）の割合は，女川町が60.7％と最も高く，次いで南三陸町（41.0％），石巻市（31.2％），東松島市（30.6％），仙台市（30.5％），名取市（29.7％）となっている。ここであげた6市町のうち仙台市を除く5市町はいずれも沿岸部地域に分類される地域であることは注目に値する（前述のとおり，仙台市も一部に沿岸部地域を含んでいる。したがって，その意味では6市町すべてが沿岸部地域ということもできる）。

　**図表4-35**は市町村別の移動人口割合を5年前の2010年の国勢調査の結果と比べたものである。5年前の2010年の国勢調査と比べると，移動人口の割合は女川町，南三陸町，山元町など28市町村で上昇しており，他方，現・富谷市，川崎町，大河原町など7市町で低下している。移動人口の割合が低下した地域は仙台市を別とすると，多賀城市，利府町を除き，すべて内陸部地域となっている。逆にいうと，多賀城市，利府町以外の沿岸部地域ではすべて移動人口の割合が上昇しているということである。

　市町村を沿岸部と内陸部に分けて，移動人口の割合をみると，2010年の国勢調査のときと比べて，沿岸部では23.2％から29.1％へ，内陸部では23.0％から23.5％へとそれぞれ上昇しているが，沿岸部では5.9ポイントの上昇と，内陸部が0.5ポイントの上昇に対して，その上昇幅は大きい。なお，このうち「自市区町村内」の割合をみると，沿岸部は上昇しているが（9.5％→14.6％），内陸部では低下している（8.7％→8.5％）。

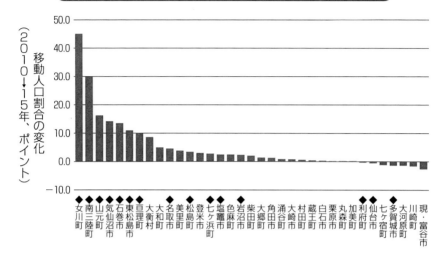

図表4-35　市町村別・移動人口割合の変化──2010年との比較

注：◆マークは沿岸部自治体をあらわす。
出所：宮城県（2017a，表11）をもとに筆者作成。

　つまり、津波による浸水など、震災による被害が大きかった沿岸部では、比較的被害の小さかった内陸部と比べて転居、移転など住所を変更した人が多かったということを示唆している。

### 市町村別の転入・転出状況

　次に市町村別の転入・転出状況についてみる。

　転入者数を市町村別にみると、転入者数が最も多いのは仙台市（14万2,743人）であり、次いで名取市（1万3,240人）、石巻市（1万1,870人）などとなっている。

　5年前と比べると転入者数が増加しているのは多い順に仙台市（4,802人増）、登米市（2,229人増）、石巻市（2,062人増）、大和町（1,814人増）、名取市（1,064人増）などとなっており、転入者数が増えた市町村は20あり、

そのうち12市町村が内陸部地域，8市町が沿岸部地域である（宮城野区，若林区という沿岸部を含む仙台市も沿岸部地域とみなすなら9市町といえるが，宮城野区，若林区では転入者減となっている）。沿岸部地域のなかで転入数が増加しているのは石巻市，名取市，塩竈市，亘理町，女川町，松島町，気仙沼市，東松島市の8市町である。

他方，転出者数を市町村別にみると，転出者数が最も多いのはやはり仙台市であり11万5,192人，次いで石巻市（1万6,611人），多賀城市（1万847人）などとなっている。

5年前と比べると転出者数が増加しているのは，多い順に石巻市（4,269人増），南三陸町（2,464人増），山元町（2,002人増），女川町（1,980人増），気仙沼市（1,745人増）などとなっており，転出者数が増えた市町村は10あるが，そのうち10位の現・富谷市を除き，9市町すべてが沿岸部地域である（転出者数の多い順に，石巻市，南三陸町，山元町，女川町，気仙沼市，東松島市，名取市，亘理町，七ヶ浜町の9市町）。

転入数と転出数の差である転入超過数についてみると（**図表4-36**，**図表4-37**），転入超過（つまり転入数＞転出数）となっているのは仙台市，名取市，現・富谷市，大和町，利府町などであり，内陸部地域が多く並ぶが，それとともに名取市，利府町，岩沼市など沿岸部地域に分類されるが仙台市と地理的に近く，仙台市との通勤圏内あるいはベッドタウンといえるような，いわば仙台市の「衛星都市」的な地域が並んでいる。他方，転出超過（転入数＜転出数）の地域には転出超過数の多い順に，石巻市，気仙沼市，南三陸町，山元町，女川町，東松島市，七ヶ浜町と，沿岸部地域が並んでいる（**図表4-37**，**図表4-38**）。

なお，市町村を沿岸部と内陸部に分けて，転入超過数をみると，沿岸部は1万323人の転出超過，内陸部は3万5,205人の転入超過となっている。また，転入超過数ではなく，転入超過率をみると，2010年の国勢調査のと

きと比べて，沿岸部は0.2％の転入超過から1.2％の転出超過へと転じ，内陸部の転入超過率は0.2％から2.7％へと拡大している。

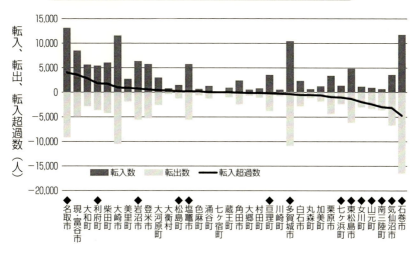

図表4-36　市町村別の転出入のグラフ（仙台市を除く）

注1：仙台市の転出入数は突出して大きいためグラフにはあらわさなかった。仙台市は転入数14万2,743人，転出数11万5,192人で2万7,551人の転入超過となっている。
注2：転出はマイナス。
出所：宮城県（2017a，表13）をもとに筆者作成。

図表4-37　転入超過の市町村（転入超過数の多い順に5市町）

| | 転入数―転出数（人） | | |
|---|---|---|---|
| | 総数 | 年齢別（2区分） | |
| | | 65歳未満 | 65歳以上 |
| ◆仙　台　市 | 27546 | 24234 | 3312 |
| ◆名　取　市 | 4043 | 3902 | 141 |
| 現・富谷市 | 3630 | 3195 | 435 |
| 大　和　町 | 2858 | 2610 | 248 |
| ◆利　府　町 | 1826 | 1466 | 360 |

注：年齢「不詳」を除く。
出所：総務省（各年版a）をもとに筆者作成。

**図表4-38　転出超過の市町村（転出超過数の多い順に7市町）**

| | 転入数―転出数（人） | | |
|---|---|---|---|
| | 総数 | 年齢別（2区分） | |
| | | 65歳未満 | 65歳以上 |
| ◆石巻市 | −4743 | −3198 | −1545 |
| ◆気仙沼市 | −3151 | −2064 | −1087 |
| ◆南三陸町 | −2996 | −2128 | −868 |
| ◆山元町 | −2391 | −1638 | −753 |
| ◆女川町 | −1925 | −1141 | −784 |
| ◆東松島市 | −1268 | −916 | −352 |
| ◆七ヶ浜町 | −1033 | −855 | −178 |

注：年齢「不詳」を除く。
出所：総務省（各年版a）をもとに筆者作成。

　次に示す12のグラフ（**図表4-39**(a)～(ℓ)）は転入超過の市町村のうちで転入超過数が多い市町村の上位5市町，および転出超過の市町村のうちで転出超過数の多い市町村の上位7市町の5歳階級年齢別の転入・転出状況をあらわしたものである。

　これらのグラフ（**図表4-39**(a)～(ℓ)）から転入超過の市町村と転出超過の市町村とで，転入，転出状況の違いが一見してわかるだろう。

　仙台市では若干異なるものの，転入超過の市町村では，いずれも20～40歳代の年齢階級で大きな転入超過がみられる。これに対して，転出超過の市町村では20歳代の年齢階級はいずれの市町村においても大きな転出超過となっており，また，それ以上のほぼすべての年齢階級でも転出超過となっている。特に七ヶ浜町，女川町，山元町，南三陸町の4つの町では転出超過の程度は非常に大きい。

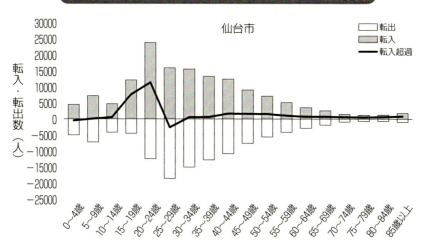

図表4-39(a) 5歳階級年齢別の転入・転出状況（仙台市）

注：年齢「不詳」を除く。
出所：総務省（各年版a）をもとに筆者作成。

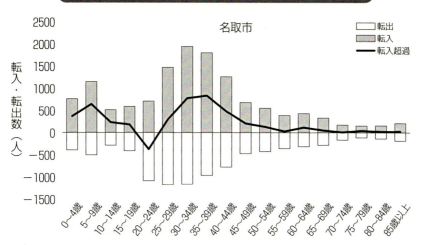

図表4-39(b) 5歳階級年齢別の転入・転出状況（名取市）

注：年齢「不詳」を除く。
出所：総務省（各年版a）をもとに筆者作成。

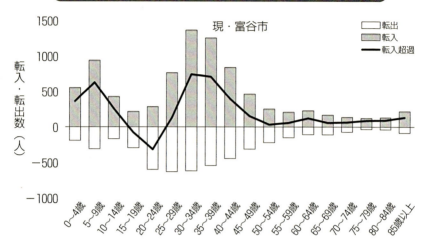

**図表4-39(c) 5歳階級年齢別の転入・転出状況（現・富谷市）**

注：年齢「不詳」を除く。
出所：総務省（各年版a）をもとに筆者作成。

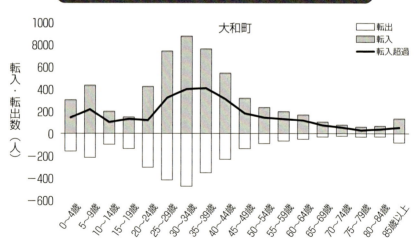

**図表4-39(d) 5歳階級年齢別の転入・転出状況（大和町）**

注：年齢「不詳」を除く。
出所：総務省（各年版a）をもとに筆者作成。

### 図表4-39(e) 5歳階級年齢別の転入・転出状況（利府町）

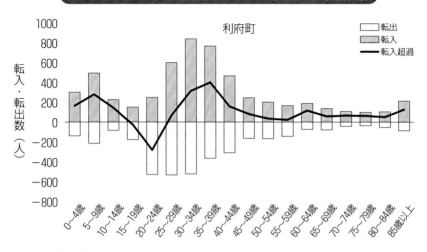

注：年齢「不詳」を除く。
出所：総務省（各年版a）をもとに筆者作成。

### 図表4-39(f) 5歳階級年齢別の転入・転出状況（七ヶ浜町）

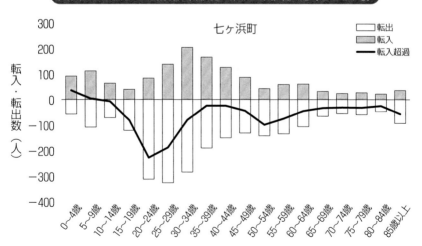

注：年齢「不詳」を除く。
出所：総務省（各年版a）をもとに筆者作成。

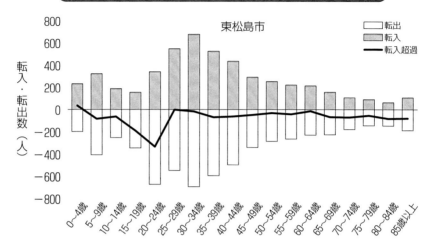

注：年齢「不詳」を除く。
出所：総務省（各年版a）をもとに筆者作成。

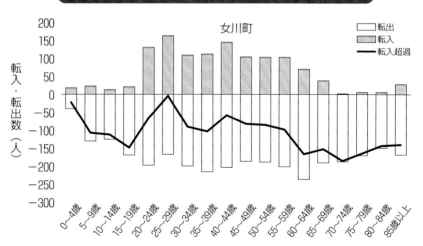

注：年齢「不詳」を除く。
出所：総務省（各年版a）をもとに筆者作成。

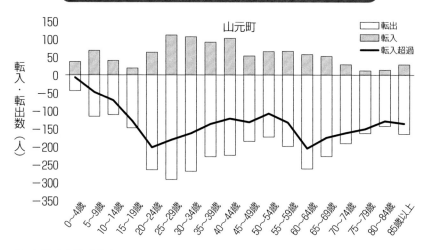

図表4-39(i) 5歳階級年齢別の転入・転出状況(山元町)

注:年齢「不詳」を除く。
出所:総務省(各年版a)をもとに筆者作成。

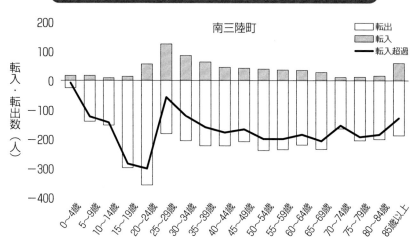

図表4-39(j) 5歳階級年齢別の転入・転出状況(南三陸町)

注:年齢「不詳」を除く。
出所:総務省(各年版a)をもとに筆者作成。

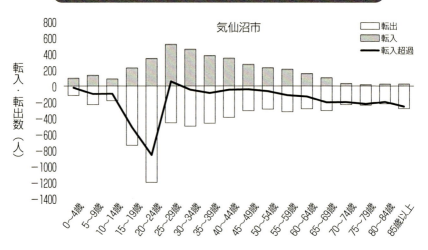

図表4-39(k)　5歳階級年齢別の転入・転出状況（気仙沼市）

注：年齢「不詳」を除く。
出所：総務省（各年版a）をもとに筆者作成。

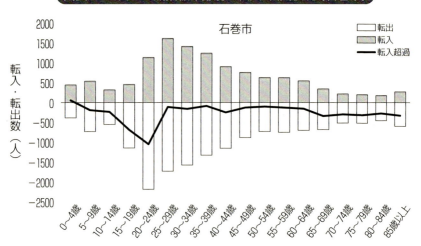

図表4-39(ℓ)　5歳階級年齢別の転入・転出状況（石巻市）

注：年齢「不詳」を除く。
出所：総務省（各年版a）をもとに筆者作成。

②人の移動が地域の高齢化の進行に与えた影響

さて,ここからは上述のような震災後の人の移動が地域の高齢化の進行に及ぼした影響について考えてみたい。

第2章で述べたように,地域住民の移動も地域の高齢化に影響を及ぼす。

高齢化の程度をあらわす指標である「高齢化率」は総人口に対する高齢者人口の占める割合をあらわしたものである。

人の移動(転入,転出)はまず分母の「総人口」に影響する。転入は分母の「総人口」を増加させる。逆に転出は分母の「総人口」を減少させる。それと同時に,転入または転出のなかの高齢者の人口数は分子の「高齢者人口」を増減させる。このようにして,人の移動は結果として高齢化率に影響を及ぼす。

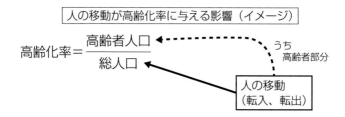

**簡単な数値例**

それでは人の移動は結果として高齢化率にどのような影響を及ぼすのだろうか。ここで簡単な数値例を用いて人の移動が高齢化率に与える影響について考えてみよう。

いま総人口を1,000人とし,そのうち200人が高齢者であるような場合を考える。つまり,高齢化率は20%である。このとき次のような〈ケース1〉〜〈ケース4〉の人の移動(転入,転出)があったとしよう。

〈ケース１〉

　総人口の１％にあたる10人が他地域へ転出。その10人すべてが若年者人口（65歳未満）の場合。このとき高齢者人口は200人のままで変わりないが，総人口は10人減少し990人となる。したがって，この場合，高齢化率は約20.2％に上昇する。

〈ケース２〉

　総人口の１％にあたる10人が他地域へ転出。その10人すべてが高齢人口（65歳以上）の場合。このとき高齢者人口，総人口ともに10人減少し，高齢者人口190人，総人口990人となる。したがって，この場合，高齢化率は約19.2％に低下する。

〈ケース３〉

　総人口の１％にあたる10人が他地域から転入。その10人すべてが若年者人口（65歳未満）の場合。このとき高齢者人口は200人のままで変わりないが，総人口は10人増加し1,010人となる。したがって，この場合，高齢化率は約19.8％に低下する。

〈ケース４〉

　総人口の１％にあたる10人が他地域から転入。その10人すべてが高齢人口（65歳以上）の場合。このとき高齢者人口，総人口ともに10人増加し，高齢者人口210人，総人口1,010人となる。したがって，この場合，高齢化率は20.8％に上昇する。

　以上，〈ケース１〉～〈ケース４〉の簡単な数値例から人の移動が高齢化率に及ぼす影響として次のことがいえる。

(a) 若年者人口の転出は高齢化率を引き上げる。
(b) 高齢者人口の転出は高齢化率を引き下げる。
(c) 若年者人口の転入は高齢化率を引き下げる。
(d) 高齢者人口の転入は高齢化率を引き上げる。

## 市町村別の転出入状況と高齢化率への影響

　それでは，ここでは2015年の国勢調査による実際のデータに基づいて人の移動がそれぞれの市町村の高齢化率に与えた影響を試算してみよう。

　市町村別の転出入状況は**図表4-40**のとおりとなっている。なお，ここでは転出入の総数とともに，若年者（65歳未満）と高齢者（65歳以上）に年齢で2区分したときのそれぞれの人数も記載してある。

　これをみると，まず仙台市が転入，転出ともに突出していることがわかる。また35市町村のうち半数を超える19市町村で転出超過となっている。（沿岸部市町村は14あるが，そのうち9市町村が転出超過となっている。）

　市町村別の転出入が**図表4-40**のような状況のとき，各市町村の高齢率に与える影響はどのようになるのか。ここでは**図表4-40**のような人の移動（転入，転出）後の人口数と高齢者人口数に基づいて，人の移動後の各市町村の高齢化率を算出する。そして，これをもとの（2010年の）高齢化率と比較することで，人の移動が地域の高齢化率に及ぼした影響とみなすことにする。

　試算した結果は次の**図表4-41**のとおりまとめられる。

図表4-40　市町村別・転入・転出状況の詳細（年齢2区分）

| | 転入数(人) | | | 転出数(人) | | | 転入超過(転入－転出) | | |
|---|---|---|---|---|---|---|---|---|---|
| | 総数 | 年齢別(2区分) | | 総数 | 年齢別(2区分) | | 総数 | 年齢別(2区分) | |
| | | 65歳未満 | 65歳以上 | | 65歳未満 | 65歳以上 | | 65歳未満 | 65歳以上 |
| ◆仙台市 | 142737 | 134384 | 8353 | 115191 | 110150 | 5041 | 27546 | 24234 | 3312 |
| ◆石巻市 | 11866 | 10649 | 1217 | 16609 | 13847 | 2762 | －4743 | －3198 | －1545 |
| ◆塩竈市 | 5838 | 5134 | 704 | 5666 | 4766 | 900 | 172 | 368 | －196 |
| ◆気仙沼市 | 3643 | 3441 | 202 | 6794 | 5505 | 1289 | －3151 | －2064 | －1087 |
| 白石市 | 2398 | 2057 | 341 | 2890 | 2595 | 295 | －492 | －538 | 46 |
| ◆名取市 | 13240 | 12220 | 1020 | 9197 | 8318 | 879 | 4043 | 3902 | 141 |
| 角田市 | 2458 | 2040 | 418 | 2510 | 2268 | 242 | －52 | －228 | 176 |
| ◆多賀城市 | 10512 | 9748 | 764 | 10847 | 9958 | 889 | －335 | －210 | －125 |
| ◆岩沼市 | 6425 | 5877 | 548 | 5664 | 5209 | 455 | 761 | 668 | 93 |
| 登米市 | 5774 | 4841 | 933 | 5200 | 4796 | 404 | 574 | 45 | 529 |
| 栗原市 | 3463 | 3021 | 442 | 4448 | 4119 | 329 | －985 | －1098 | 113 |
| ◆東松島市 | 4936 | 4408 | 528 | 6204 | 5324 | 880 | －1268 | －916 | －352 |
| 大崎市 | 11574 | 10559 | 1015 | 10610 | 9768 | 842 | 964 | 791 | 173 |
| 蔵王町 | 960 | 715 | 245 | 1002 | 882 | 120 | －42 | －167 | 125 |
| 七ケ宿町 | 136 | 116 | 20 | 165 | 122 | 43 | －29 | －6 | －23 |
| 大河原町 | 2977 | 2675 | 302 | 2585 | 2367 | 218 | 392 | 308 | 84 |
| 村田町 | 844 | 740 | 104 | 1070 | 954 | 116 | －226 | －214 | －12 |
| 柴田町 | 6081 | 5664 | 417 | 4306 | 3948 | 358 | 1775 | 1716 | 59 |
| 川崎町 | 549 | 422 | 127 | 810 | 720 | 90 | －261 | －298 | 37 |
| 丸森町 | 686 | 550 | 136 | 1218 | 1046 | 172 | －532 | －496 | －36 |
| ◆亘理町 | 3621 | 3113 | 508 | 3848 | 3250 | 598 | －227 | －137 | －90 |
| ◆山元町 | 1014 | 878 | 136 | 3405 | 2516 | 889 | －2391 | －1638 | －753 |
| ◆松島町 | 1551 | 1298 | 253 | 1334 | 1161 | 173 | 217 | 137 | 80 |
| ◆七ケ浜町 | 1417 | 1276 | 141 | 2450 | 2131 | 319 | －1033 | －855 | －178 |
| ◆利府町 | 5542 | 4886 | 656 | 3716 | 3420 | 296 | 1826 | 1466 | 360 |
| 大和町 | 5788 | 5346 | 442 | 2930 | 2736 | 194 | 2858 | 2610 | 248 |
| 大郷町 | 581 | 446 | 135 | 678 | 631 | 47 | －97 | －185 | 88 |
| 現・富谷市 | 8569 | 7793 | 776 | 4939 | 4598 | 341 | 3630 | 3195 | 435 |
| 大衡村 | 804 | 685 | 119 | 414 | 387 | 27 | 390 | 298 | 92 |
| 色麻町 | 693 | 582 | 111 | 538 | 492 | 46 | 155 | 90 | 65 |
| 加美町 | 1256 | 1145 | 111 | 1854 | 1602 | 252 | －598 | －457 | －141 |
| 涌谷町 | 1324 | 1065 | 259 | 1303 | 1159 | 144 | 21 | －94 | 115 |
| 美里町 | 2779 | 2352 | 427 | 1844 | 1611 | 233 | 935 | 741 | 194 |
| ◆女川町 | 1195 | 1115 | 80 | 3120 | 2256 | 864 | －1925 | －1141 | －784 |
| ◆南三陸町 | 709 | 583 | 126 | 3705 | 2711 | 994 | －2996 | －2128 | －868 |

注：年齢「不詳」を除く。
出所：総務省（各年版a）をもとに筆者作成。

図表4-41 人の移動が高齢化率に与えた影響に関する試算結果

| | 人の移動（転入，転出） | 高齢化率の変化（％ポイント） |
|---|---|---|
| ◆仙　台　市 | 転入超過 | − 0.2 |
| ◆石　巻　市 | 転出超過 | − 0.2 |
| ◆塩　竈　市 | 転入超過 | − 0.4 |
| ◆気 仙 沼 市 | 転出超過 | − 0.2 |
| 　白　石　市 | 転出超過 | 0.5 |
| ◆名　取　市 | 転入超過 | − 0.8 |
| 　角　田　市 | 転出超過 | 0.6 |
| ◆多 賀 城 市 | 転出超過 | − 0.1 |
| ◆岩　沼　市 | 転入超過 | − 0.1 |
| 　登　米　市 | 転入超過 | 0.4 |
| 　栗　原　市 | 転出超過 | 0.6 |
| ◆東 松 島 市 | 転出超過 | − 0.1 |
| 　大　崎　市 | 転入超過 | − 0.0 |
| 　蔵　王　町 | 転出超過 | 1.1 |
| 　七 ヶ 宿 町 | 転出超過 | − 0.6 |
| 　大 河 原 町 | 転入超過 | − 0.0 |
| 　村　田　町 | 転出超過 | 0.4 |
| 　柴　田　町 | 転入超過 | − 0.8 |
| 　川　崎　町 | 転出超過 | 1.2 |
| 　丸　森　町 | 転出超過 | 1.0 |
| ◆亘　理　町 | 転出超過 | − 0.1 |
| ◆山　元　町 | 転出超過 | 0.0 |
| ◆松　島　町 | 転入超過 | 0.1 |
| ◆七 ヶ 浜 町 | 転出超過 | 0.2 |
| ◆利　府　町 | 転入超過 | 0.2 |
| 　大　和　町 | 転入超過 | − 1.2 |
| 　大　郷　町 | 転出超過 | 1.3 |
| 　現・富谷市 | 転入超過 | − 0.1 |
| 　大　衡　村 | 転入超過 | − 0.0 |
| 　色　麻　町 | 転入超過 | 0.3 |
| 　加　美　町 | 転出超過 | 0.2 |
| 　涌　谷　町 | 転入超過 | 0.6 |
| 　美　里　町 | 転入超過 | − 0.3 |
| ◆女　川　町 | 転出超過 | − 1.7 |
| ◆南 三 陸 町 | 転出超過 | 0.2 |

出所：総務省（各年版a）をもとに筆者作成。

図表4-41に示された数字は人の移動（転入，転出）がその地域の高齢化率を何パーセント・ポイント変化させたかをあらわしたものである。マイナス（－）の符号は人の移動によって，その地域の高齢化率が低下したことを意味する。

図表4-41から，35の市町村のうち，18の市町村では人の移動によって高齢化率は0.0～1.7ポイント低下したこと，他方，17の市町村では高齢化率は0.0～1.3ポイント上昇したということがわかる。

最も大きく高齢化率が低下したのは女川町で1.7ポイントの低下，最も大きく高齢化率が上昇したのは大郷町で1.3ポイントの上昇となっている。女川町，大郷町の2010年時点の高齢化率はそれぞれ女川町33.5％，大郷町28.7％であるから，1.7ポイント，1.3ポイントの変化は小さくないといえよう。

ここで，市町村を転入超過の地域と転出超過の地域とにわけ，それぞれの人の移動が高齢化率へ及ぼした影響によって分類しまとめると，次の図表4-42のとおりとなる。

図表4-42 人の移動が高齢化率へ及ぼした影響のまとめ

| | | 高齢化率への影響 | |
|---|---|---|---|
| | | 上昇 | 低下 |
| 人の移動 | 転入超過 | 登米市，◆松島町，◆利府町，色麻町，涌谷町 | ◆仙台市，◆塩竃市，◆名取市，◆岩沼市，大崎市，大河原町，柴田町，大和町，現・富谷市，大衡村，美里町 |
| | 転出超過 | 白石市，角田市，栗原市，蔵王町，村田町，川崎町，丸森町，◆山元町，◆七ヶ浜町，大郷町，加美町，◆南三陸町 | ◆石巻市，◆気仙沼市，◆多賀城市，◆東松島市，七ヶ宿町，◆亘理町，◆女川町 |

出所：図表4-41をもとに筆者作成。

この**図表 4 -42**から，大まかにいって転入超過の市町村ではそれが高齢化率の引き下げに寄与したところが多いが，逆に転出超過の市町村では高齢化率の引き上げに寄与したところが多いということがいえるだろう。転入超過の市町村は16市町村あるが，そのうち11市町村で人の移動は高齢化率の引き下げに寄与している。他方，転出超過の市町村は19市町村あり，そのうち12市町で人の移動は高齢化率を引き上げる方向に寄与している。

　ただし**図表 4 -42**をみてもわかるように，他地域からの転入がその地域の高齢化率を引き下げる，あるいは転出がその地域の高齢化率を引き上げるとは一概にいえず，転入超過の市町村でも高齢化率を逆に引き上げる方向に寄与した地域もあれば，転出超過でも高齢化率の引き下げに寄与したところもある。

　このように，同じ転入超過あるいは転出超過の地域でも，その高齢化率への影響は一概にいえない。特に震災に伴う津波で大きな被害を受けた沿岸部自治体では人口の流出（転出超過）が起こった地域が多いものの，一般に予想される結果とは異なり，高齢化率への影響としては地域の高齢化を進めたというよりはむしろ高齢化の程度を緩和した地域が少なくないことがわかる。

**人の移動が高齢化に及ぼす影響が異なる理由**

　上述のとおり，人の移動が高齢化率に及ぼす影響は，たとえ同じ転入超過または転出超過であったとしても，必ずしも同じではなく，異なる場合がある。これは単純にいえば，第 2 章で述べたように，転入あるいは転出の若年層と高齢層の人数割合が影響している。つまり，転入超過のケースでは若年者よりも高齢者の転入の方が多ければ，その地域の高齢化率を引き上げる要因となるだろし，高齢者よりも若年者の方が多いならば高齢化率を引き下げる要因となるだろう。また，転出超過のケースでは高齢者よ

りも若年者の転出の方が多ければ地域の高齢化率を引き上げる要因となるだろうし，若年者よりも高齢者の転出が多ければ高齢化率の引き下げ要因となるだろう，ということである。

とはいえ，話はそれほど単純ではない。たとえば，女川町と南三陸町はともに転出超過であり，その年齢別内訳も転出超過数は65歳以上よりも65歳未満の方が多い。しかしながら，人の移動（転出超過）が高齢化率に与えた影響は，女川町では高齢化率低下，南三陸町では高齢化率上昇というように異なっている。

それでは，このような違いをもたらす要因はどこにあるのだろうか。結論を先に述べれば，それは年齢別にみた移動人口の人数ではなく，年齢別にみた移動人口の割合（以下，「移動人口率」）にある。

この点を説明するために，ここではほぼ同じような人の移動にもかかわらず，その高齢化率への影響が異なる2つの地域を選び，高齢化率に与える影響が異なる理由を説明してみよう。

最初の例は利府町と柴田町のケースである。この2つの町は，2010年の利府町の人口は3万3,994人，柴田町の人口は3万9,341人であり，柴田町の方が5,000人ほど多い。2010年の高齢化率は利府町16.3％，柴田町21.7％と柴田町の方が高い。次に2015年の国勢調査によると，転出入状況はそれぞれ利府町が1,826人の転入超過，柴田町が1,775人の転入超過となっており，2010年の人口に対する転入の割合をとると利府町5.4％，柴田町4.5％となる。また，その年齢構成をみても，利府町，柴田町ともに転入者の多くは若年者（65歳未満）となっている（利府町の転入超過1,826人のうち，若年者1,466人，高齢者360人。柴田町の転入超過1,775人のうち，若年者1,716人，高齢者59人である）。このようにこの2つの町は人口数，高齢化率では差があるものの，転出入状況は似た状況であるといえよう。

しかしながら，人の移動が2つの町の高齢化率に及ぼした影響は異なっ

ている。試算によれば，人の移動によって，利府町の高齢化率は0.2ポイント上昇し，柴田町では0.8ポイント低下した。この違いをもたらした理由は年齢別にみた移動人口の割合（移動人口率）にある。

いま転入者のうち，若年転入者，高齢転入者それぞれの両町の元々の（つまり2010年の）若年者人口，高齢者人口に対する割合（移動人口率）を計算してみると，利府町の若年者人口に対する若年転入者の割合は5.2％，高齢者人口に対する高齢転入者の割合は6.5％となり，割合では高齢転入者の方が大きい。他方，柴田町では若年者人口に対する若年転入者の割合は5.6％，高齢者人口に対する高齢転入者の割合は0.7％となっており，若年転入者の方が大きい。

このように，利府町と柴田町ではともに転入超過で，その多くは若年者であるが，その元々の人口に対する割合，つまり移動人口率をみると，利府町では若年者よりも高齢者の移動人口率の方が大きく，逆に柴田町では高齢者よりも若年者の移動人口率の方が大きくなっている。このため結果として，利府町では人口に占める高齢者人口の割合が高くなり，柴田町では人口に占める高齢者の割合が低下したと考えられるのである。

同様のことは転出超過のケースでも確認することができる。転出超過の例として東松島市と七ヶ浜町を取り上げよう。東松島市と七ヶ浜町はそれぞれ1,268人，1,033人の転出超過となっている。転出超過の人数はそれほど変わらないものの，東松島市と七ヶ浜町とでは人口は東松島市が4万2,903人，七ヶ浜町は2万416人と東松島市の人口は七ヶ浜町の人口の倍以上のため，人口に対する転出者の割合はそれぞれ，東松島市3.0％，七ヶ浜町5.1％と異なる。しかしながら，転出者の内訳をみると東松島市は転出超過1,268人のうち若年転出者916人，高齢転出者352人，七ヶ浜町の転出超過1,033人のうち若年転出者855人，高齢転出者178人であり，東松島市，七ヶ浜町ともに転出者の多くは若年者（65歳未満）となっている。

このとき，人の移動が2つの町の高齢化率に及ぼした影響に関する試算によれば，東松島市の高齢化率は0.1ポイント低下し，七ヶ浜町では0.2ポイント上昇した。

　転出者のうち若年転出者，高齢転出者それぞれの両町の元々の（つまり2010年の）若年者人口，高齢者人口に対する割合（移動人口率）を計算すると，東松島市の若年者人口に対する若年転出者の割合は−2.8％，高齢者人口に対する高齢転出者の割合は−3.5％となる（転出超過のケースでは移動によって地域人口数が減少することになるため，移動人口率の値はマイナス（負）となる）。また，七ヶ浜町では若年者人口に対する若年転出者の割合は−5.3％，高齢者人口に対する高齢転出者の割合は−4.0％となる。つまり，移動人口率をみると東松島市では高齢者よりも若年者の移動人口率の方が大きく，逆に七ヶ浜町では若年者よりも高齢者の移動人口率の方が大きくなっている。転出超過のケースでは移動人口率はマイナス（負）の値をとることに注意して解釈すると，東松島市では高齢者よりも若年者の移動人口率の方が大きいということであるから，これは東松島市では相対的に高齢者の転出者が多かったということを意味し，そのため東松島市では結果として人口に占める高齢者人口の割合が低下した。逆に，七ヶ浜町では若年者よりも高齢者の移動人口率の方が大きかったということであるから，これは七ヶ浜町では相対的に若年者の転出者が多かったということを意味し，そのため七ヶ浜町では結果として人口に占める高齢者の割合が上昇した，と考えられるのである。

　最後に移動人口率をまとめると**図表4-43**のようになる。

**図表4-43　若年・高齢転出入者それぞれの2010年人口に対する割合（移動人口率）**

|  | 若年者の移動人口率（％） | 高齢者の移動人口率（％） |
|---|---|---|
| ◆仙　台　市 | 2.9 | 1.7 |
| ◆石　巻　市 | −2.7 | −3.5 |
| ◆塩　竈　市 | 0.9 | −1.3 |
| ◆気　仙　沼　市 | −4.1 | −4.8 |
| 　白　石　市 | −2.0 | 0.4 |
| ◆名　取　市 | 6.6 | 1.0 |
| 　角　田　市 | −1.0 | 2.1 |
| ◆多　賀　城　市 | −0.4 | −1.1 |
| ◆岩　沼　市 | 1.9 | 1.1 |
| 　登　米　市 | 0.1 | 2.2 |
| 　栗　原　市 | −2.2 | 0.5 |
| ◆東　松　島　市 | −2.8 | −3.5 |
| 　大　崎　市 | 0.8 | 0.5 |
| 　蔵　王　町 | −1.8 | 3.3 |
| 　七　ヶ　宿　町 | −0.6 | −3.1 |
| 　大　河　原　町 | 1.7 | 1.6 |
| 　村　田　町 | −2.5 | −0.4 |
| 　柴　田　町 | 5.6 | 0.7 |
| 　川　崎　町 | −4.2 | 1.3 |
| 　丸　森　町 | −4.8 | −0.7 |
| ◆亘　理　町 | −0.5 | −1.1 |
| ◆山　元　町 | −14.3 | −14.3 |
| ◆松　島　町 | 1.3 | 1.7 |
| ◆七　ヶ　浜　町 | −5.3 | −4.0 |
| ◆利　府　町 | 5.2 | 6.5 |
| 　大　和　町 | 13.2 | 4.8 |
| 　大　郷　町 | −2.9 | 3.4 |
| 　現・富　谷　市 | 7.9 | 6.8 |
| 　大　衡　村 | 7.4 | 7.1 |
| 　色　麻　町 | 1.6 | 3.3 |
| 　加　美　町 | −2.6 | −1.9 |
| 　涌　谷　町 | −0.7 | 2.3 |
| 　美　里　町 | 4.1 | 2.7 |
| ◆女　川　町 | −17.1 | −23.3 |
| ◆南　三　陸　町 | −17.5 | −16.6 |

注：転出超過の場合，移動人口率はマイナス（負）の値となる。
出所：総務省（各年版a）をもとに筆者作成。

震災の影響をどうみるか　**第4章**

③小括

　ここでは東日本大震災後の人口移動が地域の高齢化に与えた影響について分析を試みた。すなわち，最初に東日本大震災後の宮城県全体および県内市町村の人口移動状況を確認し，その後，地域間の人口移動（転出入）が地域の高齢化の進行に与えた影響について分析を行った。

　地域の高齢化を進める要因が人の移動のみではないことは当然である。元々の人口の年齢構造，出生率，死亡率の動向なども高齢化を進める要因となる。また，ここで分析対象とした人の移動（転出入）もそれがすべて震災に起因するといえるわけではもちろんない。その意味で，ここでの分析は震災に伴う人の移動が地域の高齢化にどれだけ影響したか，という問題を明らかにするには不十分であるといえよう。

　しかしながら，少なくともここで行った分析から次のことがいえるのではないだろうか。

　沿岸部自治体には高い高齢化率の自治体が少なくない。沿岸部自治体では震災に伴う津波で大きな被害を受けたことから人口の流出（転出超過）が起こっている場合が多いことから，震災が高齢化を進めたといわれることが少なくない。しかし実際には，どうやら震災後の人の移動が高齢化率に及ぼした影響としては，震災後の人の移動がその地域の高齢化を進めたところももちろんあるものの，必ずしも地域の高齢化を進めたということはなく，むしろ高齢化の程度を緩和した地域も少なくない，ということである。

# 第5章

# 事例研究

第4章でみたように，東日本大震災と高齢化との関係は一様ではなく，自治体によって差がみられた。特に，沿岸部自治体では，東日本大震災の人的被害や，その後の人口移動がむしろ高齢化の程度を緩和したと考えられる地域も少なくなかった。そこで，この章では，いくつかの沿岸部自治体を取り上げて，東日本大震災と高齢化の関係について，さらに考えてみたい。

## 1．山元町と女川町

　この節で取り上げるのは，山元町と女川町である。この2自治体は，東日本大震災前は，同じように「高齢化の進んだ」自治体であった。しかし，東日本大震災後，すなわち2010年から2015年にかけては，対照的であった。山元町は宮城県内で最も高齢化が進み，逆に，女川町は最も高齢化が進まなかった。ここでは，これら2つの自治体を比較することで，東日本大震災と高齢化について考えてみたい。

### (1) 東日本大震災前の高齢化率

　まずは，東日本大震災前の山元町と女川町の高齢化の進行状況を確認しておこう。**図表5-1～5-4**は，第4章でみてきた東日本大震災前の山元町と女川町の高齢化率の変化をまとめたものである。

**図表5-1　山元町と女川町の高齢化率（％）**

|  | 2000年 | 2005年 | 2010年 |
|---|---|---|---|
| 山元町 | 23.9 | 27.8 | 31.6 |
| 女川町 | 24.7 | 30.0 | 33.5 |

出所：総務省（各年版a）をもとに筆者作成。

### 図表5-2　山元町と女川町の高齢化率（全国との差）

|  | 2000年 | 2005年 | 2010年 |
| --- | --- | --- | --- |
| 山元町 | 6.6 | 7.7 | 8.6 |
| 女川町 | 7.4 | 9.9 | 10.5 |

出所：総務省（各年版a）をもとに筆者作成。

### 図表5-3　山元町と女川町の高齢化率の順位※

|  | 2000年 | 2005年 | 2010年 |
| --- | --- | --- | --- |
| 山元町 | 10位 | 6位 | 5位 |
| 女川町 | 6位 | 4位 | 3位 |

※宮城県内の順位：高齢化率の高い順である。
出所：総務省（各年版a）をもとに筆者作成。

### 図表5-4　山元町と女川町の高齢化率の上昇幅

|  | 2000〜2005年 | 2005〜2010年 |
| --- | --- | --- |
| 山元町 | 3.8（6位） | 3.9（4位） |
| 女川町 | 5.3（2位） | 3.5（5位） |

※順位は，宮城県内で高齢化率の上昇幅が大きい順である。
出所：総務省（各年版a）をもとに筆者作成。

　**図表5-1**にあるように，山元町と女川町の高齢化率は，2000年には1ポイント程度の差であった。2005年，2010年と進むに従って，若干差は開いているものの，2ポイント程度の差であった。**図表5-2**にあるように，山元町も女川町も全国との差は大きく，**図表5-3**にあるように，宮城県内でも高齢化率の高い自治体であった。**図表5-4**にあるように，高齢化の進行も，山元町・女川町ともに速かった。

## (2) 東日本大震災の人的被害

　山元町と女川町の高齢化に関して，東日本大震災がどのように影響したと考えられるか，これまでみてきたところをまとめてみよう。まずは，東日本大震災の人的被害である。

表5-5　東日本大震災の死亡者※と死亡率

|  | 65歳未満 | | 65歳以上 | |
| --- | --- | --- | --- | --- |
|  | 死亡者（人） | 死亡率（%） | 死亡者（人） | 死亡率（%） |
| 山元町 | 312 | 2.7 | 406 | 7.7 |
| 女川町 | 182 | 2.7 | 380 | 11.3 |

※死亡者：死亡者・死亡届有り行方不明者の人数
出所：総務省（各年版a），および山元町は宮城県総務部危機対策課，女川町は谷（2012）をもとに筆者作成。

図表5-6　東日本大震災直後の高齢化率の試算

|  | 被災後高齢化率(%) | 2010年の高齢化率(%) | 差(%ポイント) |
| --- | --- | --- | --- |
| 山元町 | 30.5 | 31.6 | −1.1 |
| 女川町 | 31.4 | 33.5 | −2.1 |

出所：筆者作成。

　東日本大震災では，山元町の人口の4.3%にあたる方々が犠牲となった。女川町でも，2012年時点の統計ながら，人口の8.3%にもあたる方々が犠牲となった。いずれも，自治体の人口規模に対して，大きな被害のあった自治体である。

　表5-5にあるように，この被害の内訳は，山元町，女川町いずれも65歳以上の方が多く，死亡率も高かった。特に，女川町の65歳以上は11.3%という高い死亡率で，1割以上の人口が失われたことになる。このように，65歳以上の死亡率が高かったことから，高齢化率への影響という点では，

表5-6にあるように，山元町でも女川町でも，東日本大震災は高齢化率を引き下げる影響をもったと考えられる。

## (3) 東日本大震災後の人口移動

東日本大震災後の人口移動についても，振り返ってみよう。

**図表5-7　2010～2015年の転入・転出**

|  | 転入数（人） | | 転出数（人） | | 転入超過（転入−転出） | |
|---|---|---|---|---|---|---|
|  | 65未満 | 65以上 | 65未満 | 65以上 | 65未満 | 65以上 |
| 山元町 | 878 | 136 | 2516 | 889 | −1638 | −753 |
| 女川町 | 583 | 80 | 2256 | 864 | −1141 | −784 |

出所：総務省（各年版a）をもとに筆者作成。

**表5-8　人の移動が高齢化率に与えた影響に関する試算結果**

|  |  | 高齢化率の変化（%ポイント） |
|---|---|---|
| 山元町 | 転出超過 | 0.0 |
| 女川町 | 転出超過 | −1.7 |

出所：総務省（各年版a）をもとに筆者作成。

　図表5-7，5-8は，第4章の分析から抜粋したものである。山元町，女川町とも，転出超過であった。65歳未満と65歳以上に分けても，いずれも転出超過であった。しかし，転出超過が高齢化率へ与えた影響は，山元町では0ポイントであり，高齢化率への直接的な影響はなかったことになる。また，女川町ではマイナスであり，高齢化率を引き下げる方向への影響をもたらした。

　さらに，直近のデータを取り入れつつ，山元町と女川町の人口や，国勢調査以外で把握された人口の移動についても取り上げてみよう。

**図表5-9　山元町と女川町の総人口（人）**

|  | 2011年3月1日現在 | 2017年11月1日現在 | 増減 |
|---|---|---|---|
| 山元町 | 16,608 | 12,108 | −4,500 |
| 女川町 | 9,932 | 6,074 | −3,858 |

出所：宮城県（2017d）をもとに筆者作成。

**図表5-10　山元町と女川町の人口移動（人）**

|  | 自然増減 | | | 社会増減 | | | 自然・社会増減計 |
|---|---|---|---|---|---|---|---|
|  | 出生 | 死亡 | 増減 | 転入 | 転出 | 増減 |  |
| 山元町 | 407 | 1,880 | −1,473 | 2,772 | 5,619 | −2,847 | −4,320 |
| 女川町 | 266 | 1,509 | −1,243 | 1,643 | 3,961 | −2,318 | −3,561 |

注：2011年3月1日〜2017年11月1日の人口増減数。2015年10月1日以降の推計人口は2015年の国勢調査結果（確定値）を基準として算出しているが，2011年3月1日は2010年の国勢調査結果を基準として算出しているため，東日本大震災前の人口を差し引いた合計（図表5-9）と住民基本台帳の動きを集計した合計（図表5-10）の増減数は一致しない。
出所：宮城県（2017d）をもとに筆者作成。

　図表5-9，5-10は，東日本大震災前の2011年3月1日から2017年11月1日までの人口の変化をまとめたものである。図表5-9の推計人口の基礎となる国勢調査人口は，3ヵ月以上そこに住んでいるか，あるいは，住むことになっているすべての人を対象としている。他方，図表5-10で用いられた住民基本台帳人口は，住民登録されている日本人および外国人を対象としている。そのため，図表5-9と5-10では増減が一致していない。

　図表5-9によると，総人口は，山元町で4,500人，女川町で3,858人減少した。これは，2011年3月1日現在の人口に対して，山元町で27.1％，女川町で38.8％という大きな割合を占めるものであった。

　図表5-10によると，人口減少の内訳としては，自然増減よりも社会増減の影響の方が大きい。山元町では，自然・社会増減計のうち，65.9％が社会減，つまり転出超過によるものである。女川町でも，自然・社会増減計のうち，65.1％が転出超過によるものであった。

このように大きな割合を占める社会増減，つまり人口の移動について，さらに分析してみよう。**図表5-11**は，山元町と女川町の人口の移動をグラフにしたものである。「住民基本台帳人口移動報告年報（詳細集計）」を用いているため，厳密には移動の回数（のべ人数）であり，移動した人の数ではないことに注意が必要であるが，転出・転入のおおよその人数として考えてみたい。

出所：総務省（各年版b）をもとに筆者作成。

　東日本大震災後，2000人以上の転出超過であった山元町と女川町であるが，2010年から2016年にかけて，毎年，転入よりも転出の数の方が多かった。社会減，つまり転出超過であったと考えられる。2010年の転出超過に比べると，東日本大震災のあった2011年の転出超過がいかに大きかったかがあらためてわかる。具体的には，山元町で1,481人，女川町で724人の転出超過であった。単純に，これらが2011年3月1日現在人口に占める割合を計算してみると，山元町で8.9％，女川町で7.3％となる。一年間でこれだけの，あるいはこれに近い程度の転出超過があったと考えられる。

　2012年以降は，山元町では急速に転出超過は小さくなり，2015年には

2010年の転出超過を下回った。女川町でも転出超過は小さくなっていく傾向はあるが，2012年から2013年にかけては転出超過が大きくなるなど，山元町と比べると，緩やかな変化であった。2016年には，女川町でも2010年の転出超過を下回った。

こうした人口移動について，年齢で分けたものが**図表５-12**と**図表５-13**である。山元町と女川町について，転入・転出した人口を65歳未満と65歳以上に分けている。

**図表５-12**によると，山元町では，65歳未満も65歳以上も，転出超過が続いている。特に目を引くのは，やはり2011年である。前述のとおり，2011年は1,481人の転出超過で，うち1,132人が65歳未満であった。これは，転出超過の76.4％を占める。山元町では，東日本大震災の直後に移動した住民は，65歳未満が多かったということであろう。2012年には，65歳未満，65歳以上ともに大幅に転出超過が小さくなる。それでも，65歳未満の転出超過は400人を超えていて，65歳以上の転出超過を大きく上回った。その後も，65歳未満の転出超過は65歳以上の上回るペースで小さくなり，2016年には65歳以上の転出超過の方が大きくなった。

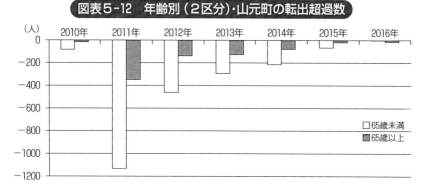

出所：総務省（各年版b）をもとに筆者作成。

図表5-13によると，女川町でも2011年には大きな転出超過であったようである。転出超過を65歳未満と65歳以上に分けてみると，2011年は，65歳未満で大きいことがわかる。2011年の転出超過724人のうち，65歳未満が545人で75.3％を占める。山元町をわずかに下回る割合であり，女川町でも東日本大震災の直後に移動した住民の多くは，65歳未満であったのだろう。その後，女川町でも転出超過は小さくなる傾向にあるが，2013年には，65歳未満，65歳以上ともに前年を上回る転出超過であった。また，65歳未満の転出超過はつねに65歳以上の転出超過を上回っている。

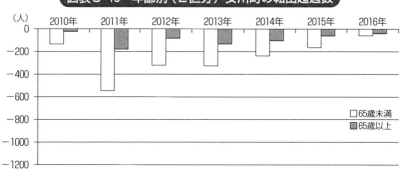

出所：総務省（各年版b）をもとに筆者作成。

　このようにみると，東日本大震災後には，山元町と女川町いずれも，65歳未満の人口が多く転出したようである。高齢化の進行が加速しそうであるが，2015年の高齢化率への影響としては，山元町には影響がなく，女川町にはむしろ高齢化の進行を緩和する方向へ作用した。

## (4) 2015年の高齢化率

　東日本大震災後の高齢化の実際の進行状況についても，あらためてみてみよう。

図表5-14　2010～2015年の山元町と女川町

|  | 2015年 | | | 2010～2015年の上昇幅（順位[※2]） |
|---|---|---|---|---|
|  | 高齢化率（%） | 順位[※1] | 全国との差 |  |
| 山元町 | 36.7 | 3位 | 10.0 | 5.0（1位） |
| 女川町 | 33.6 | 8位 | 6.9 | 0.1（35位） |

※1は，宮城県内で高齢化率の高い順である。
※2は，宮城県内で高齢化率の上昇幅が大きい順である。

　女川町の2015年の高齢化率は33.6％であった。2010年の高齢化率からほとんど上昇していない。高齢化率は山元町より低くなり，宮城県内の高齢化率の順位も下がった。全国との差も，一気に3ポイント近く縮めた。東日本大震災前には，5年ごとに4～5ポイントも高齢化が進行していた。全国との差も，多いときには，2ポイント以上広がることもあった。宮城県内での高齢化率の順位も，上がっていた。それと比べると，2015年は大きな変化であった。これまでみてきたような東日本大震災の人的被害や人口移動が，実際に，高齢化の進行を緩和する方向に影響したものと考えられる。

　一方，山元町の高齢化率は，2015年に36.7％に上がった。宮城県内での高齢化率の順位も上がり，全国との差も広がった。2010～2015年に高齢化率は5ポイント上昇した。これは宮城県内で最も大きな上昇幅であり，高齢化が一気に加速したようにみえる。

　山元町では，なぜ東日本大震災後に高齢化の進行が加速したのであろうか。これまでの分析によれば，女川町のように高齢化率の進行が緩和されることの方が自然であるように思う。女川町と比べると，1つには，人口移動の影響がありそうである。女川町では，人口移動が高齢化の進行を緩和する影響をもった。しかし，山元町では，人口移動による影響はない，つまり，人口移動が高齢化を緩和するような影響がなかった。

そもそも，東日本大震災後の高齢化の進行は，山元町にとって加速と捉えるものではなかったとも考えられる。1つには，山元町では，東日本大震災前も約4ポイントずつ高齢化率が上昇していた。それと比べると，2010～2015年に5ポイント上昇したことは極端な加速ではないのかもしれない。

もう1つには，東日本大震災がなかった場合の高齢化との比較である。図表5-15は，将来推計人口から試算した高齢化率と，実際の高齢化率を比較したものである。将来推計人口には，国立社会保障・人口問題研究所が2005年の国勢調査をもとに推計した将来推計人口を用いた。この将来推計人口が公表されたのは2008年12月で，当然のことであるが，東日本大震災の影響を考慮していない将来推計である。

図表5-15によると，山元町では，2010年にはほぼ試算どおりの高齢化率であったが，2015年には0.5ポイントではあるが，試算を下回る高齢化率となっている。つまり，人口移動や自然増減，そして住民の年齢構成の影響から，2015年にはさらに高齢化が進行しているものと予想されていたのである。このようにみると，東日本大震災の影響で，女川町では高齢化の進行が大きく緩和され，山元町でも若干ではあるが高齢化の進行が緩和されたと考えるべきではないだろうか。

図表5-15　将来推計人口に基づく高齢化率の試算（％）

| | 2010年 | | 2015年 | |
| --- | --- | --- | --- | --- |
| | 将来推計人口に基づく試算 | 2010年の高齢化率 | 将来推計人口に基づく試算 | 2015年の高齢化率 |
| 山元町 | 31.7 | 31.6 | 37.2 | 36.7 |
| 女川町 | 34.1 | 33.5 | 38.1 | 33.6 |

出所：「将来推計人口に基づく試算」は国立社会保障・人口問題研究所（2008）。

**小括**

　東日本大震災前には，同じように高齢化率の高い・高齢化の進行が速い自治体であった山元町と女川町であるが，東日本大震災後は山元町では高齢化の進行が最も速く，女川町では最も遅かった。いずれも東日本大震災による大きな人的被害と，人口移動を経験している。人的被害はいずれの自治体にとっても，高齢化の進行を緩和する影響をもったようである。また，人口移動は，山元町の高齢化率に影響をもたず，女川町では高齢化の進行を緩和する影響をもったようである。2015年の高齢化率をみると，女川町では実際に，高齢化の進行が大きく緩和されたようであった。山元町でも，2008年の将来推計人口から考えると，実は高齢化の進行は緩和されていたと考えることもできそうである。

　この節で取り上げたのは，山元町で3割弱，女川町では4割弱もの人口が減少するなかでの高齢化率の変化である。人口がこれほど減るなかで，高齢化率だけを取り上げて「高齢化の進行が緩和された」ことを取り上げる意味はないとする意見もあろう。しかし，東日本大震災によって大切な人やものを失い，その後の復興や生活再建でももどかしい想いを抱えて生きている人たちにとって，自らの住む自治体が人口減少で高齢化もひどく進んで，と聞かされることもまた苦痛の部類であったのではなかろうか。高齢化の進行はむしろ緩和された可能性がある，と知ることは，小さな慰めにもなりうるように思われる。

## 2．塩竈市

　事例研究の2つ目としてここで取り上げるのは塩竈市である。

　塩竈市の2000年時点の高齢化率は19.3％であり，これは宮城県の17.30％，全国平均の17.34％と比べると高いものの，県内市町村のなかでは35市町村中23番目の水準であった。つまり，下位に位置しているといえる。

　しかしながら，すでにみたとおり，塩竈市の高齢化の進み方は速く，2005年時点で塩竈市の高齢化率は23.5％へと上昇し，県内35市町村中21番目の水準となり，さらに2010年には高齢化率は27.5％と，県内35市町村中17番目の水準まで上昇した。塩竈市の高齢化率上昇の特徴として，その上昇幅が大きいことを指摘することができる。すなわち，2000年と2005年を比べると高齢化率の上昇幅は4.2ポイントであり，これは県内35市町村中5番目に大きい数値である。さらに2005年と2010年を比べた高齢化率の上昇幅は4.0ポイントにも及び，これは3番目に大きい数値である。このように塩竈市は震災以前から非常に速いスピードで，高齢化が進展してきた自治体であるということができる。

### (1) 東日本大震災と塩竈市

　塩竈市の高齢化に関して，東日本大震災がどのように影響したと考えられるか，これまでみてきたところをまとめてみよう。まずは，東日本大震災による犠牲者である（図表5-16）。

図表5-16　東日本大震災の死亡者と死亡率

|  | 65歳未満 | | 65歳以上 | |
| --- | --- | --- | --- | --- |
|  | 死亡者（人） | 死亡率（%） | 死亡者（人） | 死亡率（%） |
| 塩竈市 | 10 | 0.0 | 31 | 0.2 |

出所：総務省（各年版a），宮城県総務部危機対策課をもとに筆者作成。

　塩竈市の東日本大震災による犠牲者数は41人。塩竈市の人口の0.1％である。また，その内訳をみると，犠牲となった41人のうち，4分の3の31人が65歳以上と，高齢者が大多数であったことがわかる。
　次に，東日本大震災による犠牲が高齢化率に与えた影響についての試算結果である（**図表5-17**）。

図表5-17　東日本大震災直後の高齢化率の試算

|  | 被災後高齢化率（%） | 2010年の高齢化率（%） | 差 |
| --- | --- | --- | --- |
| 塩竈市 | 27.4 | 27.5 | −0.1 |

出所：筆者作成。

　**図表5-17**に示されているように，高齢化率への影響という点では東日本大震災は0.1ポイントとわずかであるが，高齢化率を引き下げる影響をもったと考えられる。

　今度は東日本大震災後の人口移動に目を向けよう（**図表5-18，図表5-19**）。

図表5-18　2010～2015年の転入・転出

|  | 転入数（人） | | 転出数（人） | | 転入超過（転入－転出） | |
|---|---|---|---|---|---|---|
|  | 65未満 | 65以上 | 65未満 | 65以上 | 65未満 | 65以上 |
| 塩竈市 | 5134 | 704 | 4766 | 900 | 368 | －196 |

出所：総務省（各年版a）をもとに筆者作成。

図表5-19　人の移動が高齢化率に与えた影響に関する試算結果

|  |  | 高齢化率の変化（％ポイント） |
|---|---|---|
| 塩竈市 | 転入超過 | －0.4 |

出所：総務省（各年版a）をもとに筆者作成。

　塩竈市の人の移動は，65歳未満は転入超過，65歳以上は転出超過であったが，全体としては転入超過であった（図表5-18）。このような人の移動が高齢化率に与えた影響を試算すると，65歳未満は転入超過であるのに対して，65歳以上については転出超過であることから，人の移動が高齢化率へ与えた影響は0.4％ポイントのマイナス，つまり高齢化率を引き下げる方向への影響であったということがわかる（図表5-19）。

　以上のとおり，東日本大震災の犠牲者とその後の人の移動という点からみたとき，東日本大震災が塩竈市の高齢化率に与えた影響は山元町，女川町のケースと同様，高齢化率を引き下げる方向へ作用したと考えられる。

## (2) 東日本大震災後の塩竈市

　ここで，東日本大震災後の高齢化の実際の進行状況についてもあらためてみておこう。

**図表5-20 2010～2015年の塩竈市の高齢化率**

| 2015年 | | | 2010～2015年の上昇幅（順位※2） |
|---|---|---|---|
| 高齢化率 | 順位※1 | 全国との差 | |
| 31.3% | 17 | 4.7 | 3.8（16位） |

※1は，宮城県内での高齢化率の高い順である。
※2は，宮城県内での高齢化率の上昇幅が大きい順である。
出所：総務省（各年版a）をもとに筆者作成。

**図表5-21 将来推計人口に基づく高齢化率の試算（%）**

| 2010年 | | 2015年 | |
|---|---|---|---|
| 将来推計人口に基づく試算 | 2010年の高齢化率 | 将来推計人口に基づく試算 | 2015年の高齢化率 |
| 27.1 | 27.5 | 31.4 | 31.3 |

出所：「将来推計人口に基づく試算」は国立社会保障・人口問題研究所（2008）。

　**図表5-20**は2015年時点の塩竈市の高齢化率の水準と2010～2015年の間の高齢化率の上昇幅を示したものである。この節の最初で塩竈市が震災以前から非常に速いスピードで高齢化が進展してきた自治体であることを指摘したが，高齢化率の水準それ自体は2010年の27.5％から2015年31.3％と4ポイント近く上昇したものの，その上昇ポイントは16番目と低下したことがわかる。

　**図表5-21**は，将来推計人口から試算した高齢化率と，実施の高齢化率を比較したものである。将来推計人口からの試算は，山元町，女川町のケースと同様，国立社会保障・人口問題研究所が2005年の国勢調査をもとに推計した将来推計人口から高齢化率を試算したものである。**図表5-21**によると，2010年時点では塩竈市の実際の高齢化率は将来推計人口からの試算よりも0.4ポイントほど高くなっている。これに対して，2015年時点の塩竈市の実際の高齢化率は31.3％と，将来推計人口からの試算よりも0.1ポ

イントと，非常にわずかであるが低くなっている。つまり，塩竈市のケースでも，山元町，女川町のケース同様，人口の移動や自然増減，住民の年齢構成の影響から2015年にはさらに高齢化が進行すると予想されていた。しかし，東日本大震災の影響で0.1ポイントと非常にわずかではあるが，高齢化の進行が緩和されたと考えられるのである。

## おわりに～その先にみえるもの

　あの日から7年が経った。復旧・復興が進められてきたものの，いまもなお，失われたものに想いをはせ，生活を，まちを，立て直さなくてはならない人たちがいる。

　本書の内容は，沿岸部自治体の高齢化に特化したものであり，自治体の現状を理解するための基礎データを提供したものにすぎない。その先に何がみえるのか。被災地ではいま何が起きていて，そこに住む人々はどのような生活をしているのか，どのような課題があるのか。本書では触れられてはいないが，そうした点にも関心をもち，研究を進めていく意思は，本書の執筆者に共通するところである。本書を手にとられた方々にも，まちづくりや地域振興，あるいは，その自治体での生活など，本書の先にさまざまなものを描いてもらえたら，望外の喜びである。

　研究を進めるにあたって，宮城県総務部危機対策課防災対策班には貴重なデータを提供していただいた。また，本書をまとめるにあたって，同文舘出版の青柳裕之氏には多大なご協力をいただいた。深く感謝の意を表したい。

　本書は，平成29年度学校法人東北学院共同研究助成金を交付された研究課題「東日本大震災後の地域間人口移動の高齢化への影響に関する定量的研究」（代表：熊沢由美）の研究成果である。研究とその成果をまとめる機会をいただけたことにも，あらためて感謝を申し上げたい。

2018年3月

執筆者を代表して　熊沢由美

## 参考文献

石巻地区広域行政事務組合「構成市町の紹介」〈http://www.ikouiki.or.jp/info/keniki04.htm〉（最終検索日2017年12月28日）。

大河原地方行政連絡調整会議（2017）「仙南地域の概要 平成29年度」。

女川町「女川町震災復興のあゆみ～海とともに 皆でともに～」〈http://www.town.onagawa.miyagi.jp/ayumi.html〉（最終検索日2018年2月15日）。

会計検査院（2017）「第2 検査の結果 1 東日本大震災に伴う被災等の状況」『東日本大震災からの復興等に対する事業の実施状況等に関する会計検査の結果について』〈http://report.jbaudit.go.jp/org/h26/YOUSEI1/2014-h26-Y1024-0.htm〉（最終検索日2018年2月10日）。

栗原市「栗原市の沿革」〈http://www.kuriharacity.jp/index.cfm/9,19,13,html〉（最終検索日2018年2月10日）。

経済産業省（2015）「地域経済分析」〈http://www.meti.go.jp/policy/local_economy/bunnseki/〉（最終検索日2018年3月3日）。

厚生労働省（2012a）「平成23年（2011）人口動態統計（確定数）の概況」〈http://www.mhlw.go.jp/toukei/saikin/hw/jinkou/kakutei11/index.html〉。

厚生労働省（2012b）「平成24年版 労働経済の分析―分厚い中間層の復活に向けた課題―」〈http://www.mhlw.go.jp/wp/hakusyo/roudou/12/〉（最終検索日2018年3月3日）。

国土交通省（2011）「東北地方整備局管内の主な被災状況・対応状況（平成23年3月23日14：00現在）」〈http://www.mlit.go.jp/common/000138629.pdf〉（最終検索日2018年2月10日）。

国土地理院（2011）「津波による浸水範囲の面積（概略値）について（第5報）」〈http://www.gsi.go.jp/common/000059939.pdf〉（最終検索日2018年2月10日）。

国立社会保障・人口問題研究所（2008）「日本の市区町村別将来推計人口（平成20年12月推計）―平成17（2005）～47（2035）年―」12月。

小林隆史・南 博・大澤義明（2013）「東日本大震災被災地茨城県の将来人口推計：人口減・高齢化の加速」『計画行政』Vol.36, No.3, pp.45-51。

佐藤泰裕（2014）『都市・地域経済学への招待状』有斐閣ストゥディア。

消防庁（2017）「平成23年（2011年）東北地方太平洋沖地震（東日本大震災）について（第156報）」〈http://www.fdma.go.jp/bn/higaihou/pdf/jishin/150.pdf〉

（最終検索日2018年 2 月10日）。

周　燕飛（2011）「大震災でどう変わる：東北 3 県の労働力市場─米ハリケーンカトリーナからの示唆─」『Business Labor Trend』 6 月号, pp.48-51。

周　燕飛（2012）「大震災で東北 3 県の人口と労働市場はどう変わるか─既存の災害研究からの知見」『日本労働研究雑誌』Vol.54, No,5, pp.31-45。

鈴木義宜（2011）「津波による浸水状況─平成23年東北地方太平洋沖地震─」〈http://www.gsi.go.jp/common/000061103.pdf〉（最終検索日2018年 2 月10日）。

仙台市（2014）『せんだい MINING REPORT』創刊号。

仙台市「東日本大震災における本市の被害状況等」〈http://www.city.sendai.jp/okyutaisaku/shise/daishinsai/higai.html〉（最終検索日2018年 2 月15日）。

総務省（各年版a）「国勢調査」。

総務省（各年版b）「住民基本台帳人口移動報告」。

谷　謙二（2012）「小地域別にみた東日本大震災被災地における死亡者および死亡率の分布」『埼玉大学教育学部地理学研究報告』Vol.32, pp.1-26。

中小企業庁（2011）「中小企業白書（2011年版）」。

出口恭子（2011）「高齢化と人口減少という被災地の厳しい条件」政策研究大学院大学（東日本大震災復興政策に関する提言）〈http://www.grips.ac.jp/cms/wp-content/uploads/2011/05/prof.deguchi.pdf〉（最終検索日：2018年 1 月28日）。

内閣府（2011）「インフラ等の被害・復旧状況（岩手県, 宮城県, 福島県中心）」〈http://www.cao.go.jp/shien/2-shien/1-infra.html〉（最終検索日2018年 2 月10日）。

仲条　仁・藤井琢哉・石川良文（2013）「東日本大震災における製造業の生産停止被害に関する研究」『土木学会論文集D3（土木計画学）』Vol.69, No.5, pp.I-173-I-179。

永野由紀子（2014）「東日本大震災後の離島漁村の過疎化と高齢化：宮城県塩釜市浦戸諸島の事例」『専修人間科学論集 社会学篇』Vol.4, pp.119-135。

永松信吾（2012）「経済復興の論点：カトリーナの教訓から」『社会安全学研究』Vol.2, pp.32-33。

成田聡（2011）「統計 Today No.41 被災 3 県（岩手県, 宮城県及び福島県）の沿岸地域の状況─平成22年国勢調査人口等基本集計結果及び小地域概数集計結果から─」〈http://www.stat.go.jp/info/today/041.htm〉（最終検索日2018年 3 月 3

日)。

日本経済新聞（2011）「震災損失，東証１部企業の３割が計上　総額３兆円超」電子版５月31日。

日本経済新聞（2016）「宮城沿岸，急速に高齢化」６月４日。

日本経済新聞（2017a）「宮城の市町村　人口増減率　3町，全国ワースト5に」１月27日。

日本経済新聞（2017b）「沿岸部の転出超　鮮明」４月19日。

農林水産省（2011）「東日本大震災　地震と津波の被害状況」〈http://www.maff.go.jp/j/pr/aff/1105/spe1_01.html〉（最終検索日2018年２月10日）。

復興庁（2017）「東日本大震災からの復興の状況に関する報告」11月〈http://www.reconstruction.go.jp/topics/main-cat1/sub-cat1-1/20161129_kokkaihoukoku.pdf〉（最終検索日2018年２月15日）。

復興庁（2018）「全国の避難者数」〈http://www.reconstruction.go.jp/topics/main-cat2/sub-cat2-1/20180130_hinansha.pdf〉（最終検索日2018年２月10日）。

宮城県（各年版）「高齢者人口調査結果」。

宮城県（2011）「東日本大震災に係る被害状況の概要（10月20日現在）」〈http://www.pref.miyagi.jp/uploaded/attachment/36641.pdf〉。

宮城県（2017a）「平成27年国勢調査　移動人口の男女・年齢等集計結果　宮城県の集計結果「結果の概要」」３月。

宮城県（2017b）「仙台地域の概要」〈http://www.pref.miyagi.jp/soshiki/sdsgsin-e/chiikinogaiyo.html〉（最終検索日2018年２月14日）。

宮城県（2017c）「東日本大震災による被害額（平成29年６月12日現在）」〈http://www.pref.miyagi.jp/uploaded/attachment/633549.pdf〉（最終検索日2018年１月26日）

宮城県（2017d）「宮城県推計人口（平成29年11月１日現在）別紙１～３」〈http://www.pref.miyagi.jp/uploaded/attachment/652975.pdf〉（最終検索日2018年２月15日）。

宮城県(a)「各市町村教育委員会の記録」〈http://www.pref.miyagi.jp/soshiki/sisetsu/kakukyoui.html〉（最終検索日2018年２月28日）。

宮城県(b)「宮城県地域区分図」〈https://www.pref.miyagi.jp/site/profile/kouiki.html〉（最終検索日2017年12月18日）。

宮城県東部地方振興事務所登米地域事務所（2017）「登米地域の概要」。

宮城県北部地方振興事務所（2017）「目で見る"大崎地域"『おおさき』はこんなところ。」〈https://www.pref.miyagi.jp/soshiki/nh-sgsin-e/kannaigaiyou26.html〉（最終検索日2018年2月14日）。

亘理町「亘理町の被害・避難状況」〈http://www.town.watari.miyagi.jp/index.cfm/22,0,129,383,html〉（最終検索日2018年2月15日）。

# 索　引

## あ

石巻経済圏 ……………………………… 37
移動人口 ………………………………… 94
移動人口率 …………………………… 118

沿岸部 …………………………………… 99
沿岸部自治体 …………………………… 22
沿岸部地域 ……………………………… 99

大津波 …………………………………… 2

## か

気仙沼経済圏 …………………………… 38

広域石巻圏 ……………………………… 27
広域気仙沼・本吉圏 …………………… 27
広域仙台都市圏 ………………………… 25
高齢化 …………………………………… 8
高齢化率 ………………………………… 8
高齢者 …………………………………… 8
高齢者人口調査 ………………………… 42
国勢調査 ………………………………… 93

## さ

最大波 …………………………………… 2
産業集積 ………………………………… 36

市町村合併 ……………………………… 23
支店経済 ………………………………… 36
死亡届有り行方不明者 ………………… 86
若年者 …………………………………… 8
住家被害 ………………………………… 5
住民基本台帳人口移動報告 …………… 93
少子化 …………………………………… 9
常住者 …………………………………… 94
常住人口 ………………………………… 94
震源 ……………………………………… 2
人口移動 ………………………………… 10
人口移動調査 …………………………… 93
人口増減数 ……………………………… 30
人口増減率 ……………………………… 32
人口動態統計 …………………………… 11
人口の高齢化 …………………………… 8
人口の平均年齢 ………………………… 8
震災後の人の移動 …………………… 111
浸水面積 ………………………………… 3
人的被害 ………………………………… 5
震度 ……………………………………… 2

仙台経済圏 ……………………………… 37

## た

地域住民の移動 ………………………… 10
中位数年齢 ……………………………… 8
長寿化 …………………………………… 9

| 転出者 | 94 |
| 転入・転出超過数 | 98 |
| 転入者 | 94 |
| 転入超過数 | 102 |
| 転入超過率 | 98 |
| 特化係数 | 36 |

## な

| 内陸部 | 99 |
| 内陸部自治体 | 22 |
| 内陸部地域 | 99 |

| 年齢別（2区分）の死亡率 | 90 |
| 年齢別にみた移動人口の割合 | 118 |

## は

| ハリケーン・カトリーナ | 13 |
| 阪神・淡路大震災 | 13 |

| 被害額 | 4 |
| 東日本大震災 | 2 |
| 東日本大震災前の高齢化 | 65 |
| 被災後高齢化率 | 91 |

| 平均寿命の伸長 | 9 |

## ら

| 労働生産性 | 36 |

## 【執筆者紹介】

**熊沢　由美**（くまざわ・ゆみ）〔編者〕
東北学院大学経済学部教授
執筆担当：第1章，第3章1～3，第4章2～4(1)，第5章1

**佐藤　康仁**（さとう・やすひと）
東北学院大学経済学部教授
執筆担当：第2章，第4章1・4(2)，第5章2

**楊　世英**（よう・せいえい）
東北学院大学教養学部教授
執筆担当：第1章，第3章4

---

平成30年3月30日　初版発行
令和6年2月25日　初版5刷発行

略称：震災高齢化

## 東日本大震災と高齢化
―宮城県沿岸部地域の経験―

編著者 Ⓒ　熊　沢　由　美
発行者　　中　島　豊　彦

発行所　同文舘出版株式会社
東京都千代田区神田神保町1-41　〒101-0051
電話　営業(03)3294-1801　編集(03)3294-1803
振替 00100-8-42935　https://www.dobunkan.co.jp

製版：一企画
印刷・製本：萩原印刷

Printed in Japan 2018

ISBN 978-4-495-44281-1

JCOPY〈出版者著作権管理機構 委託出版物〉
本書の無断複製は著作権法上での例外を除き禁じられています。複製される場合は，そのつど事前に，出版者著作権管理機構（電話 03-5244-5088, FAX 03-5244-5089, e-mail: info@jcopy.or.jp）の許諾を得てください。